Social Skills For School Teachers

1

ライブラリ ソーシャルスキルを身につける

先生のための ソーシャルスキル

相川　充
著

サイエンス社

「ライブラリ　ソーシャルスキルを身につける」
刊行にあたって

私たちは人間関係の中に生まれてきます。生まれた瞬間に親子関係やきょうだい関係があり、成長に伴って友人や恋人との関係が始まり、夫婦関係を築き、老いを迎え、そして人間関係の中で死んでいきます。

その人間関係が希薄になったと言われています。人間関係で深く傷ついたという話も多く耳にするようになりました。人との関係がうまく始められない、始まった関係を維持できない、深められない。そういう人が増えているのではないでしょうか。

このライブラリは、ソーシャルスキルの観点から、人間関係にどのように対処したら良いのか提案したいという意図から生まれました。ソーシャルスキルとは、人とつき合うために必要な技術です。このライブラリでは、具体性のある実行可能な物の考え方や行動の仕方を紹介します。

人間関係の傷を癒し、私たちに喜びを与えてくれるのも人間関係です。皆さまが、このライブラリでソーシャルスキルを身につけて、人間関係を上手に開始し、維持し、発展させて、実り豊かなものにしてくださることを願ってやみません。

2003年11月

監修者　相川　充

はじめに

教育現場で何か問題が起こると、すぐに教師の指導力不足のせいにする風潮があります。しかも、このときの指導力不足には、教師が子ども達に対して弱腰だというニュアンスが含まれているようです。指導力とは、子ども達を抑えこむ力量のことだという思い込みがあります。

たとえば学級崩壊が起こると、「教師は断固とした態度で子ども達を指導すべきだ」といった類のコメントが新聞に載ることがあります。先生方の中にも、学級崩壊のニュースを耳にすると、自分自身の日頃の学級運営を振り返って、「もう少し強い態度で子ども達に接するべきなのか」などと思う人がいるかもしれません。確かに、子ども達の自主性に任せて教室の規律が維持できなくなり学級が崩壊してしまう場合がありますから、強い態度で子どもに接することも必要かもしれません。ところが学級崩壊は、強力に指導力を発揮する教師のもとでも起こるものです（河村 一九九九）。強い態度で子ども達に接していると、反抗的な子どもへの対応に失敗したとたん、日ごろの力による指導への反発から、ほかの子ども達からも反抗されて、学級が崩れていくのです。力で子ども達を抑えることは、学級崩壊の解決策どころか、学級崩壊の原因にすらなりうるのです。

「指導力」イコール「子ども達を抑えこむ力」ではありません。学級崩壊に限らず、いじめ、不登校、非行などの問題が起こると、教師の強力な指導力を求める声が挙がりますが、力で子ども達を抑えこむことでは問題の解決につながりません。一時的には効果を発揮するかもしれませんが、長期的に見れば、かえって問題の本質的な解決を遅らせ、問題を悪化させる恐れがあります。

教育現場で何か問題が起こったとすれば、教師の力による抑えこみが不足していたからではなく、教師と子ども達との間に、思いやりの関係ができていなかったからだと私は考えています。「思いやりの関係」とは、教師が子ども達ひとりひとりの思いを受け容れ理解し、子ども達も教師の思いを受け容れ理解している関係です。お互いが相手を理解し信頼し、相手に対する緊張や不安がなく、お互いが相手の存在ゆえに安心できる関係です。

このような思いやりの関係が成立していなければ、教師が子ども達の自主性に任せるやり方では早晩、収拾がつかなくなるでしょうし、教師が頭ごなしに力で抑えつけるやり方では、ささいなことをきっかけに力のバランスが崩れるでしょう。教師と子ども達の間に思いやりの関係がないところでいじめや非行が起これば、子ども達は教師と一緒に解決しようとはせず、むしろ、いじめや非行の事実を教師の目から隠そうとします。学校に行けない子どもは、決して教師に助けを求めようとはしないでしょう。

逆に、教師と子ども達の間に思いやりの関係ができていれば、子ども達の自主性に任せるやり方であろうと、教師が強力な指導力を発揮するやり方であろうとうまくいくはずです。教師と子ども達の思いやりの関係が十分にできあがっていれば、学級は子ども達にとって安心できる居心地の良い場所になり、不登校やいじめや非行も起こりにくくなります。たとえ起こったとしても、子ども達は教師に助けを求め、教師と一緒に解決しようとするでしょう。

現代の教師に求められている指導力は、「思いやりの関係を築く力」です。子ども達との間に思いやりの関係を築くことができるかどうかで教師としての質が決まるのです。

では、その思いやりの関係を築くには、どうしたらよいのでしょうか？

教師が子ども達のことを思いやるには、教師は子ども達のことを知らなければなりません。子ども達が教師のことを思いやるには、子ども達は教師のことを知らなければなりません。お互いがお互いのことを知るためには、何を考え何を感じているのか、相手に伝えてあげる必要があります。黙っていたのでは伝わりません。具体的な言葉や表情や身振りに託して、お互いが相手に自分の思いを伝えなくてはなりません。

こうして相手の思いを受けとめたなら、どう受けとめたのかもまた、相手に伝える必要があります。黙っていたのでは伝わらないからです。相手を思いやった結果、何を思い何を感じたのか、お互いが相手に伝え合うのです。

このように教師と子ども達の間で思いのやりとりを繰り返し、しかもそのやりとりの過程を、あたかも実況中継をするようにお互いが言葉で、あるいは表情や身振りで伝え合う。これを繰り返すことで子ども達の間に、思いやりのある関係が築けるのです。

本書は、この思いのやりとりの具体的な方法を論じた本です。小、中学校の先生が子ども達と思いやりのある関係を築くための方法やコツについて述べています。その具体的な方法やコツのことを、本書ではソーシャルスキルと呼んでいます。つまり本書は、先生のためのソーシャルスキルについて述べた本なのです。

教師という仕事は、先生一人では成り立ちません。子ども達との思いやりの関係があって初めて成り立つ職業です。子ども達との思いやりの関係が築けているかどうか自信がない先生、築けているかもしれないがもっと強固に築きたいと思っている先生は、この本をぜひお読みください。ソーシャルスキルを身につけて、子ども達との間に思いやりのある関係を築いてください。

先生と子ども達の関係が、深い思いやりに満ちた関係になることを心より願っています。

目　次

目　次

9章　実践してスキルを磨く…183

1章　子どもと思いのやりとりをする

1-1 〝思いのやりとり〟を定義する

「はじめに」で述べたように、先生が子ども達と思いやりのある関係を作るには、〝思いのやりとり〟が必要です。

〝思いのやりとり〟とは、図1に示すように教師が子ども達の思いを適切に受け容れ、同時に、自分の思いをできるだけ正直に子ども達に伝えることです。教師と子ども達がお互いに自分の思いを相手に伝え、それを受け容れ合うことです。

先生が子ども達の思いを適切に受け容れれば、子ども達が何をどう考えているのか、どのように感じているのかたくさんの情報を得ることができます。そうすることで個々の子どもについての情報が増え、子ども達ひとりひとりの個性が見えてきます。子ども達同士の間にある葛藤も見えやすくなります。そうなれば子ども達同士のトラブルを未然に防げるでしょうし、たとえトラブルが生じても適切な対応をとれる可能

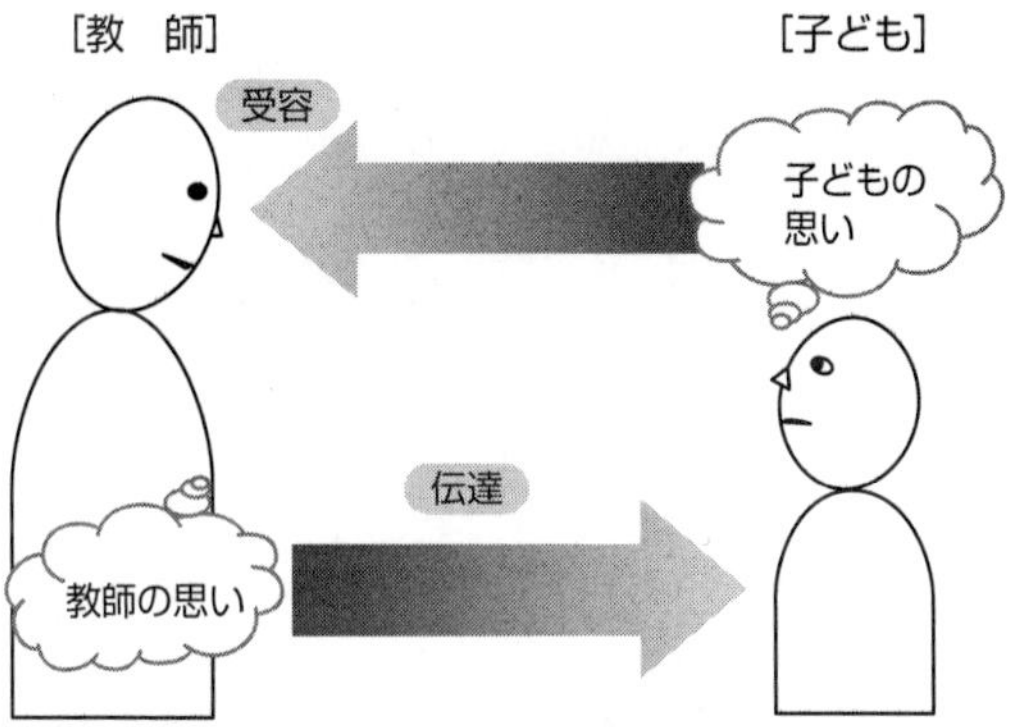

図1　思いのやりとり

性が増えます。問題の悪化や長期化も防げます。

先生が子ども達に自分の思いを伝えれば、子ども達は、先生が何を考えているのか何を感じているのか知ることができます。先生の言葉や指示を誤解することが減り、先生に対する無益な敵対心が生じにくくなります。先生を敬う気持ちが生じるかもしれません。たとえ学級でトラブルが生じても、先生がそのトラブルについて苦しんだり悲しんだりしていることを知れば、子ども達は先生と協力して問題の解決に当たろうという気持ちになるでしょう。

ところが先生方の中には、子ども達の思いを受け容れる努力はしても、自分の思いを子どもに伝えることに抵抗を示す人がいます。こういう先生は、大人である自分が子どもに弱点を見せることはプライドが許さないと思っているのかもしれません。あるいは、いつも冷静で感情をあからさまにしない教師、教室の外での感情を教室の中に持ち込まない教師が、理想の教師像だと思っているのかもしれません。

確かに、先生が自分の感情の起伏のままに振る舞ったのではプロの教師とは言えません。おのずと一定の自制や節度が求められますが、先生が自分の思いを無理やり抑えこむ必要はありません。先生が何を考え、何を感じているか子ども達に伝えることは弱みを見せることではありません。教師も人間、いつも冷静でいられるわけがありません。子ども達の反応に思わずカッーと怒りに燃えることもあるでしょうし、教室の外での喜びや悲しみを引きずったまま子ども達の前に立つこともあるでしょう。それが自然のことです。教師だからといって自分の思いを無理に抑えこむのではなく、子ども達にそれを伝えても良いのだという考えに立ってみましょう。重要なのは、その伝え方です。

本書では、その伝え方を次の章から具体的に述べますが、その前に、概念を定義しておきましょう。専門用語も出てきますが、専門用語は説明を節約する働きがありますので、おつきあいください。

まず、〝思いのやりとり〟と言うときの〝思い〟について定義しておきます。〝思い〟とは、認知と感情の二つの要素を同時に述べた言葉です。「認知」とは、私達が、ものを覚えたり思い出したり考えたり判断したりすることの総称で、「感情」は、私達が感じる喜怒哀楽のことです。簡単に言えば、認知は「思うこと」、感情は「感じること」です。心理学では認知と感情を区別して、それぞれ大切な要素として扱いますので、本書でも両者を別のものとして扱いますが、〝思い〟と言うときには、認知と感情の両方を同時に指した言葉として用います。

次に、〝思いのやりとり〟と言うときの〝やりとり〟について定義します。〝やりとり〟とは、私達が自分の思いを相手に「伝達」することと、相手の思いを「受容」することです。教師と子どもに当てはめれば、教師が自分の思いを子どもに「伝達」することと、子どもの思いを「受容」することです。

〝思いのやりとり〟をこのように定義した上で、思いのやりとりについて具体例で説明しましょう。

ある朝、登校してきた太郎君が暗い顔をしながら元気のない声で「おはようござい

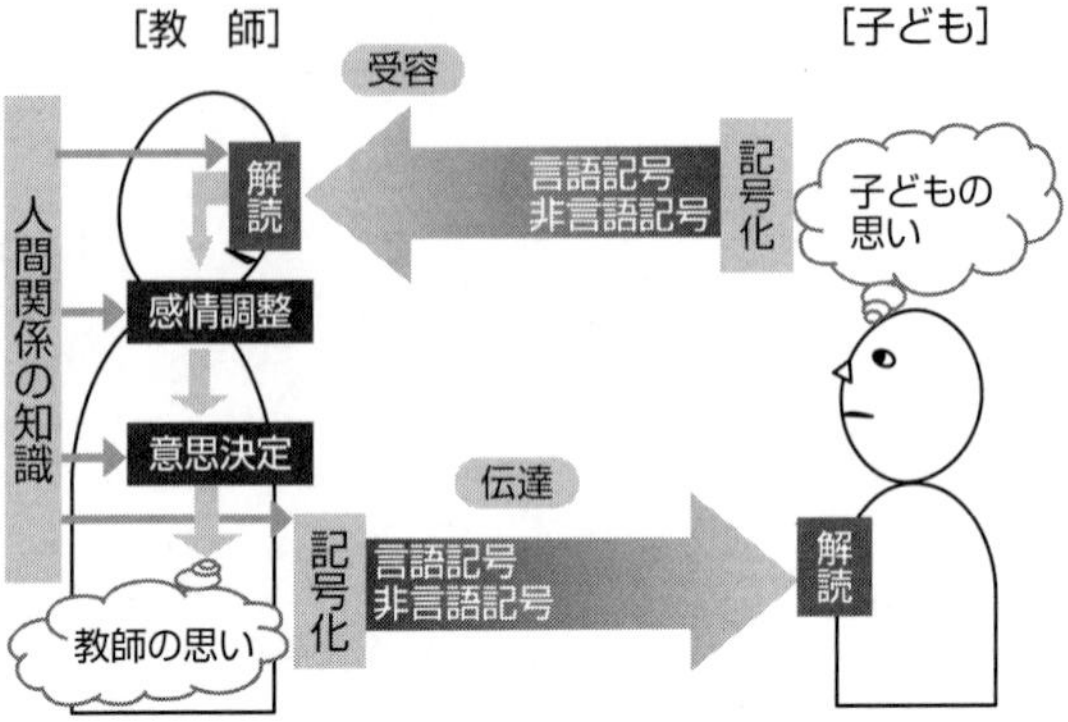

図2　思いのやりとり：理論図

ます」と先生に挨拶をして、先生はそれに対してニコニコ笑いながら「どうしたの？　元気ないね」と答えたとします。先生は、子どもの〝思い〟が込められた「おはようございます」という挨拶を「受容」し、「どうしたの？　元気ないね」という教師の〝思い〟を「伝達」したことになります。

「受容」と「伝達」、きわめて単純な行為のようですが、実は、このやりとりが実行されるまでには、子どもの側にも先生の側にもいくつものステップがあります。それを示したのが図2です。込み入った図ですので、順を追って説明します。

子どもはいろいろな思いを抱いていますが、そのままでは先生に伝わりません。先生に伝えるには、思いを言葉という記号（言語記号：verbal code）と、表情や身ぶり手振りという記号（非言語記号：nonverbal code）で表現する必要があります。思いを、言葉や表情や身ぶり手振りなどの記号に変換することを「記号化（encode）」と呼びます。子どもは、自分の思いを記号化して、それを先生に「伝達」するわけです。

先の太郎君の例で言えば、太郎君は「きょうはテストがあるから学校に行くのは気が重いな。それに次郎君がきのうから口をきいてくれないのはどうしてなんだろう」などという思いを、「暗い顔」「元気のない声」という非言語記号や「おはようございます」という言語記号に変換して先生に伝えています。太郎君は、「テストへの不安」や「次郎君のことについての気がかり」という思いは、直接、言語記号では記号化していないことに注目してください。

先生の側は、子どもが伝達してきたものを「受容」しますが、子どもの思いは記号化されていますので、これを「解読（decode）」する必要があります。ちょうど暗号を読み解くのと同じです。子どもの言語記号と非言語記号を手がかりとして、子どもの思いは何であるかを推測します。この解読のときに、先生がこれまで蓄えてきた「人間関係の知識」が役立ちます。人間関係の知識を動員して解読した結果、先生にはさまざまな考えや感情が浮かぶので、それらを整理したり順番をつけたり、あるいは、ある感情を抑えこんだりする「感情調整」を実行します。また、教師としてどのように振る舞うべきか「意思決定」も行います。その決定を反映させた「教師の思い」を、言語記号と非言語記号で記号化して、子どもに「伝達」します。

「人間関係の知識」は、先生がこれまで自分で体験したこと、読書で得たこと、テレビや映画や人の話から見聞きしたことなどが蓄積されたものです。これらは「解読」に役立つだけでなく、「感情調整」や「意思決定」の際にも役立ちます。また、「記号化」のときも、自分の思いを適切に伝達するために、いつ、どこで、どのような言葉を選んで、どのように伝えるかは、「人間関係の知識」から判断されます。

太郎君の例で言えば、先生は、これまでの「人間関係の知識」から判断して「太郎君は元気がない」と解読します。その結果「朝からの元気ない声を出しているなんて、どうしたのだろう。心配だ」という感情が生じ、「元気を出せと励まそうか、それとも、なぜ元気がないのか尋ねてみる方が先だろうか」などと判断に迷います。人間関係の知識を用いながら、「心配だとは言わず、まずは元気がでない理由を尋ねよう」と意思決定をします。そして、この思いを「ニコニコ笑う」という非言語記号と、

「どうしたの？　元気ないね」という言語記号に記号化して伝達したのです。

図2は、教師の側から見た状態を示しているので、子どもの側は省略してありますが、子どもの側も、子どもなりに「人間関係の知識」を持ち合わせていて、それに基づいて教師の思いを「解読」し、「感情調整」や「意思決定」を行って自分の思いを記号化して教師に伝達しています。こうして教師と子どもは循環的に自分の思いをやりとりし、お互いの理解を深めてゆきます。

1-2 思いのやりとりが下手な先生、上手な先生

〝思いのやりとり〟は、単純なことのようですが、実際は図2に示したように、いくつもステップを経て行われています。これを実行するのは本当は容易なことではありません。図2で示したそれぞれのステップでつまずく恐れがあります。

子ども達は、太郎君の例のように、本音や意図を言葉では言わなかったり、意図的に隠したりします。先生は、子ども達の言語記号や非言語記号が意味することを誤って解読（つまり誤解）してしまうかもしれません。

解読が正しくできても、怒りのような強い感情のせいで、教師としての振る舞いができなくなるかもしれません。あるいは人間関係の知識が不足していて、教師としては不適切な意思決定を行ってしまうかもしれません。

思いを伝達することも実は容易ではありません。自分が何を思っているのか、何を

感じているのか分かっていなければなりませんし、その思いを子どもでも解読できる言語記号と非言語記号に記号化する必要があります。たとえば、先生がとらえどころのない悲哀感を感じているときに、「なんだか悲しいんだ」という言語記号や、今にも泣き出しそうな表情という非言語記号に変換すれば子ども達にも伝わるかもしれませんが、単に顔をしかめて黙り込むという非言語記号だけならば、怒っていると誤解されるかもしれません。

このように「伝達」も「受容」も容易なことではないので、先生方の中には、子ども達との間の思いのやりとりが下手な先生がいます。下手な先生を強引に二つに分けると、〝引っ込み〟タイプと〝攻撃〟タイプに分けることができます。

〝引っ込み〟タイプの先生は、自分の考えていることや感じていることを口に出そうとしません。黙っていても子ども達に伝わると考えているのか、それとも伝えても仕方がないとあきらめているのでしょうか。いずれにしても自分の思いを伝えようとはしません。このタイプは一般に非言語記号の使い方が控えめです。声が小さく、表情の変化に乏しく、大袈裟な身ぶりや手振りもしません。引っ込んでいておとなしい分、子ども達の思いを受けとめるのが上手かというと、必ずしもそうではありません。

子ども達がせっかく思いを伝えてきても、それをどう受けとめたのか、何を感じたのかを積極的に子ども達に伝えようとしないからです。子ども達にしてみれば、伝え甲斐のない先生ということになります。

〝攻撃〟タイプの先生は、自分の考えていることや感じていることをすぐに口に出しますが、子ども達の状態や都合への配慮が足りません。子ども達が教師の思い通りに反応しないと不機嫌になったり怒り出したりします。「感情調整」がうまくできないのです。また、人間関係を勝ち負けで捉える傾向があり、子ども達に弱みを見せたら負けだと思っています。そのため、強がった内容の話や自慢話をたくさんし、強がった振る舞いをします。自分の思いを子ども達に一方的に押しつけます。子ども達の思いをじっくり受けとめることは苦手です。子ども達にしてみれば、思いを伝えたいとは思わない先生、または、思いを伝えられない恐い先生ということになります。

これに対して思いのやりとりが上手な先生もいます。上手な先生は、子ども達の思いを受けとめるときには、子ども達の話によく耳を傾け、体全体を使って聴きます。子ども達の思いを誤って解読しないように、なるべく正しく理解しようと努めます。教師としての思いを伝えるときは、考えていることや感じていることを子どもの年齢に合わせて言語記号に変換します。表情が豊かで、身ぶりや手振りも効果的に使って、教師としての思いをできるだけ素直に伝えようとします。自分の弱点を話したり失敗談も平気でしますが、子ども達に迎合したり媚びたり馴れ合ったりしているわけではありません。子ども達にとって耳の痛いことでも、伝えなければならないことならば、はっきりと伝えます。ただし、子ども達をやり込めたりへこましたりすることが目的ではないので、子ども達の自尊心に配慮しつつ十分な説明を試みて、子ども達の納得を促します。このタイプは、子ども達にとっては、思いを伝えたい先生、話を聴いてもらいたい先生です。

1-3 先生にソーシャルスキルが必要なわけ

では、なぜ、思いのやりとりが上手な先生と下手な先生がいるのでしょうか？　その先生が男性だからでしょうか、それとも女性だからでしょうか。若いかベテランかという教職歴の長さが理由でしょうか。専門とする教科のせいでしょうか（たとえば、中学校の体育の先生ならば、授業の中で、子ども達と思いのやりとりをやりやすいが、数学なら、授業の中では無理があるというような考え）。あるいは遺伝的に規定されている生まれつきの能力や性格のせいでしょうか。

いずれの理由も多少は関係があるかもしれませんが、本書ではこれらの理由を採用しません。なぜなら、思いのやりとりの上手、下手に男女で違いがあるとは思えませんし、若さや教職歴の長さを理由にしてみても、実質的に何が違うのかはっきりしないからです。体験の量や生きてきた時間の長さの違いなら、教職歴が長く年をとった先生の方が、思いのやりとりが上手だということになりますが、現実は必ずしもそうではありません。さらに、生まれつきの能力のせいだとしたら、今からどんなに努力しても何も変えようがないことになってしまいます。

このような理由の代わりに本書では、思いのやりとりの上手や下手は技術の違いだと考えます。先生が子ども達と思いのやりとりをするのには技術が要ります。思いのやりとりが下手なのは、その技術が未熟だからであり、上手なのはその技術に習熟しているからだと捉えます。そして、この技術のことをソーシャルスキル（social skills）と呼びます。

「ソーシャルスキル」の「ソーシャル」とは、対人的なことがらや人間関係のこと、人と集団との関係や相互作用に関連したことを指し、「スキル」とは、私達が何度も繰り返して実行した結果、巧くできるようになった一連の動作のことです。したがってソーシャルスキルとは、狭い意味では、他者との関係や相互作用を巧く実行する一連の動作のことを言いますが、一連の動作の実行を支えている認知や感情も含んで、広く捉えるのが一般的です。

ソーシャルスキルの学術的な定義には様々なものがありますが、本書では、図２に示したように、思いのやりとりに関わる先生の側の「解読」「感情調整」「意思決定」「記号化」、それぞれの過程に必要な諸技術の総体がソーシャルスキルだと考えます。つまり、記号化されて伝達されてくる子どもの思いを解読するにはそれ相応の解読スキルが要求され、また、自らの感情を調整するにも、的確な意思決定を下すにも感情調整スキルや意思決定スキルが要求され、さらには、自らの思いを子どもに理解できるように記号化するには記号化スキルが要求されるとみなします。これらの諸スキル全体を指してソーシャルスキルと呼ぶのです。

ソーシャルスキルのうち、解読、感情調整、意思決定などのように、直接目には見えない考え方や感情に関わるスキルを「認知スキル」、言語と非言語によって自分の思いを具体的に目に見える形で記号化するスキルを「行動スキル」と、二つに分けることもあります。

このソーシャルスキルの観点からすると、思いのやりとりが上手な先生は、ソーシャルスキルに習熟しているのであり、言葉の使い方も、表情や身ぶり手振りの使い方も、適切かつ効果的に使うことができる先生です。逆に、思いのやりとりが下手な先生は、ソーシャルスキルが未熟なために、言語記号も非言語記号も使い方が拙く、子ども達の思いを的確に受容することにも、自分の思いを適切に伝達することにも、しばしば失敗している先生だということになります。

このようにソーシャルスキルの違いと捉えることには重要な意味があります。スキルが未熟ということは言い方を変えれば、スキルに関するこれまでの学習が不足しているということです。学習の不足とは、どのように思いのやりとりをしたらよいのか学習してこなかった「未学習」か、または、自分なりの勝手なやり方を間違って学習してしまった「誤学習」のいずれかです。思いのやりとりが下手な先生のうち〝引っ込み〟タイプは、子ども達との思いのやりとりが未学習の先生であり、〝攻撃〟タイプは、誤ったやり方を身につけてしまっている誤学習の先生であるかもしれません。未学習、誤学習いずれにしても、ソーシャルスキルの学習が不足しているから下手なのだと考えれば、今現在は下手な先生でも、新たに学習するか（未学習の場合）、学習し直せば（誤学習の場合）、思いのやりとりが上手になれると考えられます。ソーシャルスキルの違いだと捉えることで、下手ならスキルを磨いて上手になればよい、という楽観的で実際的な観点を私達は手にすることができるのです。

この観点に立ってソーシャルスキルを体系的に学習させようとする試みが、ソーシャルスキル・トレーニング（social skills training）です。本書は、この意味からすると、先生のためのソーシャルスキル・トレーニングの自習用テキストとみることもできます。

なお、教師という職業は、子ども達とだけ関わっていればよいというものではありません。自分の家族との関わり、学校での同僚や管理職との関係、保護者への対応など、毎日さまざまな種類の人達と関わっています。それぞれの人に使われるソーシャルスキルもさまざまであり、相手が誰なのかによってソーシャルスキルに違いがあります。たとえば先生が、教室の中の子どもを相手にするときと、職員室で同僚を相手にするときでは、用いる言語記号、非言語記号は違ったものになります。本書では紙幅の関係もあり、このように相手によって変化するソーシャルスキルすべてを取り上げることはできません。そこで本書では、先生が子ども達と思いのやりとりをするためのスキルに絞りました。

2章 心が開いている雰囲気を作る

2-1 雰囲気を〝作る〟ことについて

先生が、子ども達の思いを受けとめてあげたいと思っていても、子ども達の目にはそう映っていない先生がいます。いつも忙しそうにしている先生、暗く深刻な顔をしている先生、話しかけてもまともに返事をしてくれない先生、感情的にすぐに怒り出す先生などなど。このような先生の姿に接していては、子ども達は自分の思いを先生に伝えようという気持ちになれません。

子ども達の思いを受けとめるためには何よりもまず、子ども達が「この先生は私の思いを受けとめようとしている」と思うような〝心が開いている（open-minded）〟雰囲気を持つ先生でなければなりません。

雰囲気などと言うと曖昧でとらえどころのない概念、あるいは実体のない概念のように聞こえます。しかし、雰囲気を作っているのは、子ども達の目に映る先生の外見や服装、表情、身ぶり手振りや具体的な個々の動作です。これらの総体が一人の先生の雰囲気を作り上げています。

雰囲気が具体的な外見や個々の動作の総体であるならば、雰囲気を意図的に作り出すことができます。心理学ではこれを「印象管理（impression management）」と呼んでいます。先生が意図的にある服装を選び、特定の言葉遣いをし、ある動作をするならば、子ども達は先生に対して一定の印象を抱きます。

実際に私の知り合いの女性は、教職歴が二十五年を越えるベテラン小学校教師ですが、担任する学年が低学年か高学年かで「子ども達が喜びそうな色や形」を一つの基準にして学校に着ていく服を選んでいます。また、年齢を感じさせないために、髪の毛を短くし、体を鍛えて軽やかな動きを心がけ、明るく元気な雰囲気を作り出しています。

すべての先生が明るく元気な雰囲気を作る必要はありませんが、少なくとも子ども達が警戒心や不安を感じずに安心して話しかけられる雰囲気は必要です。近づきやすい先生、話しやすい先生、子ども達と積極的に関わろうとする気持ちがにじみ出ている先生。子ども達がこのような印象を抱く雰囲気を意図的に作りましょう。

先生方の中には、雰囲気を〝意図的に作る〟と聞くと、意図的に作り出した雰囲気は、内面（性格、物事の考え方、感じ方など）と一致していないために、「わざとらしいのではないか」とか、「子ども達をだますことになるのではないか」と心配する人もいるかもしれません。

ソーシャルスキルの観点からすれば、最初はわざとらしくても構わないのです。実行し続ければ、わざとらしかった雰囲気も次第にわざとらしくなくなり、いつの間にか先生の内面にも変化をもたらします。その雰囲気が本物になるのです。また、心が開いている雰囲気を作り出すのは、子ども達をだますことが目的ではありません。子ども達に、心に余裕のある先生だという印象を抱いてもらい、子ども達の思いを受けとめる存在になることが目的です。

2-2 心が開いている雰囲気を作るスキル

先生が、以下に述べるスキルを実行すれば、心が開いている雰囲気を作ることができます。ただし、雰囲気ができても、子ども達の頭の中に、先生の作り出した雰囲気どおりの印象が形成されるまでには時間がかかります。それでもスキルを実行し続ければ、ゆっくりではあっても子ども達の先生に対する印象に変化が訪れます。そうなれば、子ども達は先生のことを心が開いている先生、思いのやりとりをしたい先生だと認識するようになります。

以下のスキルのうち、**スキル❶**と**スキル❷**は、日ごろの考え方に関する認知スキルです。**スキル❸**から**スキル❺**までは具体的な行動の実行を伴う行動スキルです。

なお、**スキル❶**や**スキル❷**などのように、個々のスキルに番号を付けましたが、これらの番号に過敏になる必要はありません。一つや二つが欠けても構いません。この番号の順番を守る必要もありません。このことは、3章以降の章でも同じです。

スキル❶心に余裕がある先生をイメージする

心に余裕があって、子ども達が話しかけたくなる先生は、具体的にどのような服装をし、どのような表情をし、どのような言動をするのかイメージしてみましょう。今までに出会った教師の中で理想的な教師はいなかったでしょうか。ひとりの理想的な教師が無理なら、何人かの教師の良いところを集めた理想像でもかまいません。そのイメージを思い描き、それを目標として、自らをそのイメージに近づけるよう努力してみてください。具体的な動作をできるだけマネするようにしてみましょう。

スキル❷子どもについての評価は仮説だと考える

先生は子ども達ひとりひとりについてさまざまな評価を下しています。「福田君は努力家だ」「田中さんは反抗的な態度をとる」「安倍君はあきっぽい子だ」。

あるいは先生は子ども達についてさまざまな先入観を持っています。「のり子さんのお兄さんは頭が良かったから、のり子さんも頭が良いはずだ」「ともみさんは母親と死別しているから寂しい思いをしているに違いない」「あつし君の父親の職業からすると、あつし君が乱暴なのは父親譲りだ」。

このような評価や先入観は、先生が子ども達の思いを受けとめるのを妨げることがあります。このような評価や先入観が邪魔をして、子ども達の話を最後まで聴くことができなくなったり、子ども達の言動を素直に解釈できなかったり、子どもの行動について偏った判断をしてしまったりするからです。

たとえば学校の先生なら、子ども達を外見で判断しないように努めているでしょうが、次のような実験結果が報告されています（松井・塚田　一九八二）。この実験では、小学校三年生の女の子が髪を整えて微笑んでいる写真と、同じ子が髪を乱し頬や額を汚して口元を引き締めている写真の二枚を用意し、どちらか一方を現役の小学校の教師達に見せて、その子どもの行動特徴や特性を推測して評価してもらいました。その結果、同じ子どもであるにもかかわらず、外見が良い写真を見せられた教師達は、そうでない写真を見せられた教師達よりも、その子どものことを道徳的で良い振る舞いをすると評価していました。実験に参加した教師達は、外見がもたらす先入観から子どもの内面まで判断していたことになります。

先入観は、持たない方が良いのは言うまでもありません。教師という職業を考えれば、先入観を持つことは許されないという意見もあります。しかし、実は私達は先入観や評価を持たずに他者と関わることはできません。先入観や評価があるからこそ、他者に対して一定の言葉を選び、一定の反応や働きかけをすることができるのです。

教師としてめざすべきは、子ども達に対する先入観や評価を一切捨てるというような不可能に挑戦することではありません。「自分が持っている先入観は正しいものではないかもしれない」という強い認識を持つことです。この認識に基づいて、自分が持っている子ども達への先入観や評価は〝仮説〟だと考えましょう。ここで言う〝仮説〟とは、事実と照らし合わせて常に修正を加えられる一時的な仮の判断ということです。

これは、たとえば「田中さんは教師に反抗的な態度をとる」というような否定的な評価だけでなく、「福田君は努力家だ」というような肯定的な評価も、仮説だとみなすということです。「ともみさんは母親と死別しているから寂しい思いをしているに違いない」という〝思いやりのある〟判断も仮説です。その通りかもしれないし、そうではないかもしれないのです。

これらの仮説に対して、先生は、子ども達との日常的な接触の中で

●仮説と事実とを照らし合わせる作業を怠らない

●仮説に合致しない事実が認められたら仮説を修正する

この二つを実行しなければなりません。目の前の子どもの実際の動きや言葉をよく観察し、子どもの話に耳を傾けましょう。その結果、仮説と違っていたら即座に仮説に修正を加えましょう。たとえば「田中さんは教師に反抗的な態度をとっているのではなく、教師に甘えたがっているのだ」というふうに修正します。ただし、これもまた仮説です。事実と照らし合わせる作業をやめてはいけません。

スキル❸自分の非言語記号をモニターする

表情や身振り手振りなどの非言語記号は、時には言葉以上に先生の内面を子ども達に伝えます。それにもかかわらず先生達は無意識に、あるいは無防備に非言語記号を使っています。

子ども達は先生の一挙手一投足を実によく観ています。先生の思いをいくら言葉で伝えても、非言語記号がそれに伴っていなければ、子ども達は先生の思いを素直に受

けとめないかもしれません。たとえば「先生はクラスのみんなとの話し合いを大切にしたい」と言う先生が、子ども達の話し合いの時間になると、右手に持っているボールペンで左手の手のひらを小刻みに叩いたり、右足の貧乏揺すりが始まったりすると、子ども達は先生の本音を疑います。

「教師期待効果」という現象を思い出してください。教師が「この子は成績が延びる子だ」と思うと実際にその通りになる現象です。この現象は、いくつかの要因が複合的に作用して起こりますが、有力な要因の一つは、教師が無意識のうちに表出している非言語記号です。教師は、口では「先生はどの子もみんな大切な子だと思っています」などと言っていても、高い期待を抱いている子どもに対しては、多くの視線や多くのほほえみを送り、うなずきをたくさんしてあげてしまいます。子どもは、これらの非言語記号の意味を解読して、教師の期待に沿うべく、自らを励まして勉強に取り組み、その結果、教師の期待通りの成果が生じるのです（浜名 一九八八）。教師期待効果は、教師の本音が非言語記号から洩れてしまった結果起こる現象と言えます。

非言語記号は先生の本音が洩れやすい、だからこそ非言語記号を適切に使えば、先生の思いを子ども達に上手に伝えることができるのです。

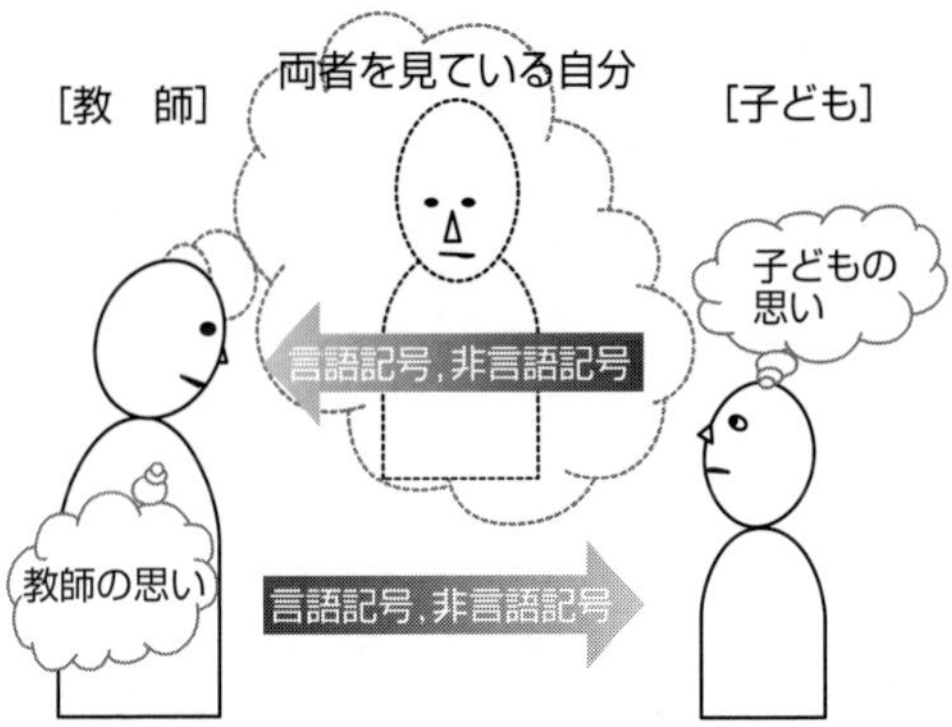

図3　モニターしている状態

非言語記号で先生が自分の思いを上手に伝えるためには、日頃から、自分の非言語記号をモニターする癖をつけることです。〃モニターする〃とは、無意識に使っていた非言語記号に意識的な注意を向け、子ども達に伝えたいことが的確に非言語記号に記号化されているか確認することです。

モニターする方法は、先生が子ども達と対面しているときに、〃もう一人の自分〃をイメージし、その〃もう一人の自分〃が、先生と子ども達の対面状況を客観的に眺めている様子をイメージします（図3参照）。〃もう一人の自分〃が、自分の非言語記号の記号化の様子を確認するのです。確認すべき主な非言語記号を、表1にまとめました。意識的なコントロールが容易な表情だけでなく、手の先、足の先など体の末端部の動きを確認することがポイントです。
モニターすることを自分に促すためには、表1の「モニターすべき内容」に書かれていることを、頭の中で自分に尋ねたり、自分に指示を出したりすることが有効です。たとえば子どもと話しているときに「子どもとの距離は近くないか」と自分に尋ねたり、「もっと子どもの目を見ろ」などと自分に指示を出すのです
このように、自分で自分に尋ねたり指示を出したりすることを「自己会話（self-talk）」と言います。この言葉を知らなくても、大勢の人の前で話をしなければならないときに自分に「落ち着け」と言い聞かせたり、くじけそうになる気持ちを奮い立たせるために独り言のように「もう少しだ、がんばれ」と自分に言って励ましたりしないでしょうか。これを意図的にやるのが自己会話です。自己会話は単純な方法ですが、ソーシャルスキルの実行を促す効力があります。臨床的にも有効な方法であることが認められていて、認知行動療法の諸技法の一つに加えられています。自己会話は、本書ではこのあとも何回か登場します。

表1　モニターすべき非言語記号

非言語記号	モニターすべき内容
動　　き	子どもに近づいているか，子どもから遠ざかっているか
距　　離	近くないか，遠くないか
位　　置	正面か，斜め前か
体の向き	子どもに向いているか，向いていないか
顔の高さ	子どもと同じか，高いか，低いか
姿　　勢	前傾か，後傾か。リラックスしているか，緊張しているか
表　　情	話の内容とマッチしているか，無表情か
視　　線	子どもを見ているか，見過ぎていないか
うなずき	うなずいているか，うなずいていないか
手や指の動き	腕を組む，髪をもて遊ぶ，小物をいじるなどしていないか
タッチング	しているか，過度ではないか
足先の動き	貧乏揺すりしていないか
準言語	
声の高さ	安定しているか，裏返っていないか
話す速さ	早口になっていないか，遅くないか
声の大きさ	大きくないか，小さくないか
沈黙，間	すぐに反応しているか，適度な間を取っているか

先に述べた〝もう一人の自分〟が自己会話の台詞を言っているというイメージにすると、非言語記号に関するモニターはさらに上手にできるでしょう。

スキル❹時間に余裕がある言動をする

教師という仕事は、実際は非常に忙しいものです。しかし、その忙しさを体全体で表現してしまっていては、子どもは自分の思いを伝えたくても先生に近づけなくなります。非言語記号の機能の一つは、親密さの伝達だという指摘があります（パターソン 一九九五）。子ども達に対する先生の親密さを、非言語記号を使って伝えましょう。

さらに、非言語記号に言語記号も加えて、実際には駆け出したいほど忙しくても、時間に余裕のある言動をとってください。具体的には次のような言動です。

- 教室や校内はゆったりと歩く。子ども達一人一人の表情を観ながら歩く。
- 普段からできるだけ笑顔を作る。少なくとも穏やかな表情を作る。
- 子どもに気軽に声をかける（具体的な方法は次の**スキル❺**、**スキル❻**で述べます）。
- 子どもが話しかけてきたら足を止めて話を最後まで聴く（具体的な聴き方については、次章の3-2「話を聴くスキル」で述べます）。

スキル❺開いた質問をする

子ども達は、先生に話しかけたいのに、きっかけがつかめないことがあります。そこで、先生の方から子ども達に話すきっかけを与えてあげましょう。具体的には、「きのうはどうだった?」とか「ちょっと元気なさそうじゃない、何かあったの?」などの質問を投げかけてあげます。ここでの質問は、「開いた質問」と呼ばれる形を使います。

「開いた質問」は、「どう?」「どうしたの?」「何かあった?」などの質問の言葉で始まります。このような質問の形は、答える側にとっては何を話題にして答えてもよいという意味で〝開いて〟います。開いているので、尋ねた方は、予想外の情報や幅広い情報を得ることができます。

この反対が「閉じた質問」です。これは、答える側が、「はい」か「いいえ」で答えなければならない質問のことです。用意されている選択肢の中から答えを選ばせることになりますから、答える側は会話をリードされて、コントロールされていると感じます。場合によっては尋問か詰問されているように感じるかもしれません。尋ねる方は、手短に情報を得たり、情報を確認したりすることができます。

教師としては、両方の質問の特徴を心得た上で、日ごろは「開いた質問」と「閉じた質問」を使い分けてください。ただし話を聞き出すきっかけとしては「開いた質問」を投げかけます。これは、「私はあなたの話を聴く準備が整っている、好きなように話してください」というメッセージを伝えることになるからです。

子どもの様子によっては、「開いた質問」にプラスするかたちで、聴く時間があることをはっきり言明したり、体の動きを使ったり、物や空間を使って聴く意志があることを示してあげます。具体的には、「今なら先生は○○さんの話を聴く時間があるよ」と言ってあげる、子どもの方に近づいてゆく、椅子を勧める、静かな部屋に連れて行くなどです。

スキル❻見たままを口にして安心を与える

先生が子ども達の思いを受けとめる雰囲気を作っても、子ども達の中には極度の引っ込み思案のために、先生に決して話しかけようとしない子もいます。教師ならば、このような子どもの思いこそを受けとめてあげたいものです。

このような子どもは一般に対人場面で緊張し不安を感じています。したがってこのような子どもの思いを受けとめるには、不安をあおるような言動を慎み、安心を与えることが先決です。先生との関係が安心できる関係であることを繰り返し体験できれば、緊張や不安は消えてゆきます。

安心を与えるには、**スキル❹**「時間に余裕がある言動をする」を実行しつつ、**スキル❺**の「開いた質問」の代わりに〝見たままを口にする〟話法を使います（小林一九九九）。これは、子どもに答えや説明を求めず、こちらが子どもを観て、そのままを独り言のように口にして当の子どもに伝える話法です。

具体例で説明しましょう。引っ込み思案の子どもが、休み時間に一人で本を読んでいるのを先生が見て、この子どもの思いを受けとめるために話しかけるとします。「その本、おもしろい？」と声をかけるとすれば、これは「閉じた質問」を使ったことになります。「何を読んでるの？」と声をかければ、これは、**スキル❺**の「開いた質問」になりますが、〝見たままを口にする〟話法では「本を読んでるね」になります。

「閉じた質問」でも「開いた質問」でも、先生の問いかけに対して子どもが話し始めるならば問題はありませんが、いずれの形も〝質問〟ですから、子どもに答えを要求しています。引っ込み思案の子どもの中には、先生の質問に答えようとするだけで緊張してしまう子もいます。これに対して〝見たままを口にする〟話法は、答えを要求しません。子どもは、先生に話しかけられているにもかかわらず、答えたくなければ答えなくてもよい状態に置かれます。

こう言うと、「本を読んでるね」と話しかけることは、子どもに「はい」という答えを要求しているので、〝見たままを口にする〟話法も、「閉じた質問」と同じではないかと反論する方がいるかもしれません。確かに、語尾の強め方などによっては答えを要求しているように聞こえるかもしれませんが、〝見たままを口にする〟話法は、「閉じた質問」と違って、子どもの答えが「いいえ」になることはありません。また、子どもは自分の行動について説明をする必要はありません。その分、引っ込み思案の子どもに圧力を感じさせない話しかけ方だと言えます。

〝見たままを口にする〟話法には、子どもの表情から感情の動きを読み取って、それを先生が口にするやり方も含みます。先生が「本を読んでるね」と見たままを口にしたところ、子どもの表情が明るくなるようなら「その本、おもしろいんだ」と子どもの感情を口にします。逆に表情がこわばるようなら「先生が邪魔しちゃったかな」

などと口にして、その場を離れます。ただし、子どもの表情から感情を読みとって口にするのは高度であり、熟練が要求されますので、無理に実行する必要はありません。

大切なことは、不安や緊張の高い子どもにも、圧力をかけないように配慮しつつ先生の方から話しかけるのをあきらめないことです。あきらめない態度を表明し続ければ、極度に引っ込み思案の子どもでも、自分を気にかけてくれる先生に安心するようになり、やがて、先生に対して自分の思いを話してみたいと思うようになるでしょう。

3章　聴き上手の先生になる

3-1 話を聴くとは、どういう行為か

先生が身につけるべきソーシャルスキルの中で、最も基本的であり、最も重要なスキルが聴くスキルです。このスキルがいかに重要であるか、それを認識するために、聴くという行為がどのような働きをしているのか確認しましょう。

第一に、聴くことは情報を得ることです。子ども達の話を聴けば、何を感じ、何を考え、何をしようとしているのか理解しやすくなります。しっかり聴けば、誤解も生じにくくなります。また、話をしてくれた子どものことだけでなく、ほかの子どものことやクラス全体のことに関する情報も得ることができます。

第二に、聴くことは心理的報酬を与える行為です。聴くことは受け取る行為だと思われがちですが、「社会的勢力（social power）」に明らかな違いがある教師と子どもという関係においては、聴くことは〝与える〟行為です。このことを深く心に留めて

おいてください。話を聴いてあげれば、子どもに安心を与え、喜びを与え、満足感を与えることができます。

聴くことが心理的報酬を与える行為であることは、逆の〝聴かない〟という行為を思い浮かべれば理解できます。子どもが話しかけてきているのに先生がそれを無視したら、子どもは何と思うでしょうか。不安や不満を覚え、悲しみや悔しさを感じ、自信をなくし自尊心が傷つくかもしれません。

先生が子どもの話を聴くか聴かないかは、賞か罰を与えることと同じです。子どもの話を聴けば賞を与えることになり、聴かなければ罰を与えることになるのです。聴くか聴かないかで、子ども達をコントロールすることもできるのです。

第三に、聴くことは、子どもとの関係を安定させます。子どもの話を聴けば、その子どもに関する情報が増えて、先生にとってその子どもは熟知した存在になります。それにつれてその子どもに対する好意度も増します。相手に関する情報が増えるにつれて、その相手に対する好意度が増すことは、心理学の実験でも証明されています。

好意度が増している子どもが多少、先生の意に添わない反応をしたとしても、先生はその子のことをすぐには否定的に評価しないでしょう。子どもの側は、それが分かれば安心して先生に素直な自分を見せるようになり、先生に対する子どもの好意度も増します。こうして、先生の側にも子どもの側にも好循環が起こるので、先生が話を聴いてあげればあげるほど、子どもとの関係は安定します。

ある町の中学生が、いじめられていることに苦しんで自殺しました。この子どもが、「担任の先生に相談したが、対応が冷たかったので絶望した」旨を日記に記していたことが後から分かりました。その結果、この先生は処分を受けました。この先生の対応が本当に冷たかったのかどうかは定かではありませんが、子どもにそう思われてしまった一因に、聴き方のまずさがあったのではないかと思います。子ども達を救うために、また、意図しないままに先生が〝加害者〟にならないためにも、子ども達の話に、真摯に耳を傾けることが求められます。

〝真摯に聴く〟とは、ソーシャルスキルの観点では、子どもの話を理解するだけでは不十分です。〝真摯に聴く〟とは、子どもの話に関心があり、子どもの話を理解したことを子どもに伝える行為なのです。

3-2 話を聴くスキル

話を聴くスキルの中核は、聴いていることを伝えることです。そのため聴くスキルは自然には身につきません。意志的な練習や訓練をして初めて獲得できるスキルです。

スキル❶最後まで聴こうと自分に言い聞かせる

子どもが話を始めたら、とにかく最後まで話を聴きましょう。これは、簡単なことのようですが、子どもに対して強い社会的勢力を持つ先生にとっては難しいことです。最後まで話を聴かなくても「失礼だ」と言って非難される心配がないからです（相手が同僚の先生や管理職の場合と比べてみれば理解できるでしょう）。

先生は、次に挙げることを実行してください。

①子どもの話を最後まで聴く

「ああ、その話ならもう聞いたよ」「そんな話、先生は聞きたくないな」などと言って、子どもの話を途中で止めさせたり、聴くのをやめてしまうことはないでしょうか。たとえ興味がない話でも最後まで聴くことです。最後まで聴かなければ、子どもがどんな思いを伝えたかったのかは判断できません。

②話題を変えない、話題を取らない

子どもの話に誘発されて「そう言えばきのう先生は放課後にね」とか、「音楽なら先生はフォークが好きだな」などと言って、自分のことを話し始めたり、自分の興味、関心のある話題や得意な話題を話し始めてしまうことはないでしょうか。〝気づいたらいつのまにか話題を取ってしまい、話し手と聴き手が入れ替わっていた〟という現象は、子どもの話題を受けとめたからこそ起こるため、先生当人には気づきにくいものです。

子どもが話し出した話題は子どものものです。先生がその話題を取ってはいけません。少なくとも、子どもの話が一区切りつくまでは話題を変えてはいけません。先生が自分のことを子どもに語るのは悪いことではありませんが、それは子どもの話を全部聴いた後にしましょう。

③話の途中で道徳的、倫理的判断を口にしない

子どもの話の中には、先生の立場からすると道徳的、倫理的に問題がある話が含まれていることがあります。そのようなとき先生は、話の途中でも、道徳的、倫理的な問題点を取り上げて説教を始めたくなります。

多くの場合、子どもも道徳的、倫理的判断は心得ているものです。むしろ心得ているからこそ、先生に向かって道徳的、倫理的に問題のある話を始めたのかもしれません。あるいは道徳的、倫理的な一般論ではなく、先生の個人的な意見を聴きたくて話し始めたのかもしれません。いずれにしても話の途中で先生が道徳的、倫理的判断を口にしてしまえば、子どもはそれから先の話をやめてしまいます。

最後まで聴いた後ならば、教師として道徳的、倫理的判断を伝えるのは一向に構いません。内容によっては（いじめの問題、命に関わる問題など）強い調子でそれを子どもに言う必要があるでしょう。

④子どもの感情を否定しない

子どもが喜怒哀楽や不安や不満を訴えているのに、その感情を否定しまうことはないでしょうか。子どもが「うれしかった」と言っているのに「そのくらいで喜ぶな」

と否定する先生は、さすがにいないと思いますが、子どもが「頭に来た」と言っているのに「そんなに腹をたてることじゃないよ」と言ったり、不安を訴えているのに「そんなに心配することないよ」と言ってしまう先生は少なくありません。先生としては、否定するつもりはなく、子どもを元気づけるつもりで言っているのでしょう。しかし、そのような発言も、結果的に子どもの感情を否定することになります。次の例を見てください。

子ども「今度の入試……うまくできるか心配だな……」
先生「大丈夫だよ。合格できるよ」
子ども「でも心配で……」
先生「気にしすぎだよ。君なら大丈夫だよ」

このような安易な元気づけは、一見、肯定的な反応にみえますが、子どもの感情や不安を受け入れていないので、子どもの感情を否定していることになります。また、この例でも、もし子どもがここで話をやめてしまえば、この子どもがなぜ入試が心配なのか、どのように心配なのかは分からないままになってしまいます。

十分に話を聴いたあとならば、たとえ同じ言葉の「大丈夫だよ。合格できるよ」でも、子どもは納得し、安心します。そうすると本当に元気づけたことになります。

⑤時間の圧力をかけない

「手短に話して」と言ったり、話を聴きながら子どもから離れて行こうとしたり、時計をチラリと見たりすることはないでしょうか。これらの行為は、「話を聴いている時間がない」というメッセージを発し、話を急がせることになります。このような〝時間の圧力〟をかけられれば、誰でも話しにくくなり、話を端折ったり途中でやめてしまったりします。

本当に時間がない場合はその旨を伝えるべきです。ただし単に「時間がない」と言うと、子どもが「先生は私の話を聴きたくないのだ」と誤解する恐れがあります。そこで、「きちんと話を聴きたいからこそ、あとで時間があるときにゆっくり聴く」旨を伝えます。可能ならば、その〝あとで〟がいつなのか、たとえば「明日の昼休みに」などと具体的に言うことが大切です。

右に挙げた五つを実行するのは容易なことではありませんから、話を聴きながら頭の中で、自分に「最後まで聴こう」と自己会話を実行しましょう。自己会話の台詞は「最後まで聴こう」でなくても構いません。「最後まで、最後まで」でも「今は聴き手、今は聴き手」でも良いのですが、短い方が効果的です。子どもの話を途中で遮りたくなったら、念仏のように何度も自分に言い聞かせてください。

スキル❷反射させながら聴く

子どもの話を最後まで聴くことを強調しましたが、話を最後まで聴くとは、最後まで口を閉じて黙っていることではありません。話を聴きながら、「私はあなたの話を聴いている」というメッセージを、直接こう言わずに伝え続ける必要があります。

そのためには、まず、「うん、うん」「なるほど」「本当？」などと相づちの言葉を発します。これらの何気ない発声が、子どもにとっては話を続ける励みになります。

これら相づちの言葉に加えて、子どもの話を「反射」させます。反射とは、図4に示したように鏡が光を反射させるように、子どもが言語記号、非言語記号で送ってきたメッセージの核心を、先生が子どもにそのまま返す行為を言います。肝心なことは、子どもの話を聴いて教師として思うこと（認知）、感じること（感情）があっても、それらを口にしないということです。代わりに、子どもが言った言葉や内容を口にするのです。

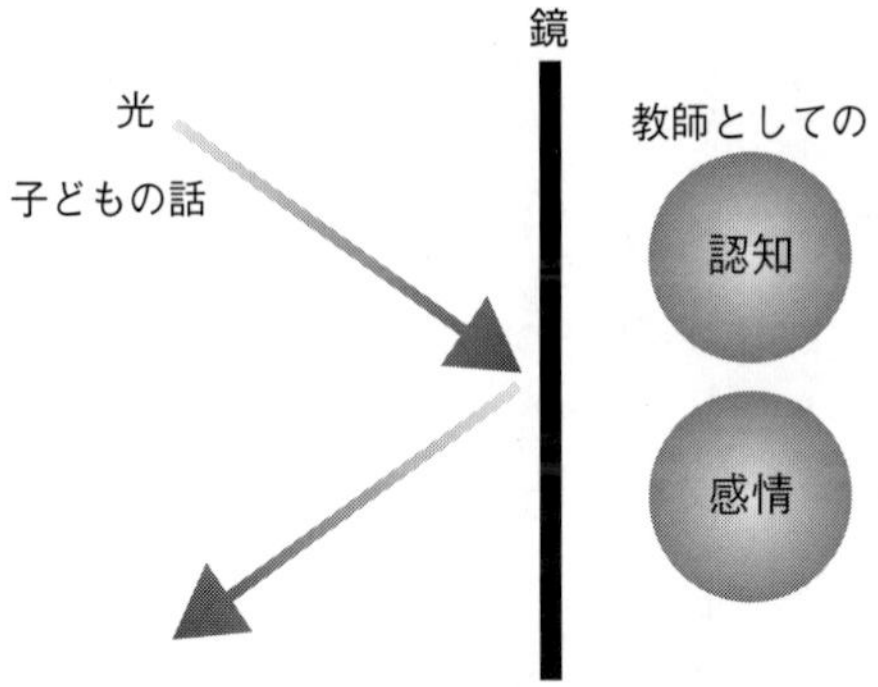

図4　光の反射と話の反射

反射は、カウンセラーがクライエントの話を共感的に聞き出すテクニックとして発達してきたものであり、聴くスキルの基本的な要素の一つです。

〈反射の例1〉

中学生「勉強しなければと思ってるんですけど、何だか最近、勉強する気になれなくて……」

先生「勉強する気になれないのか」（語句を繰り返す反射）

中学生「ええ、夕べも宿題をやらなければと思ったんですが、机に向かう気になれなくて」

先生「気力がわかないんだね」（語句を言い換える反射）

中学生「はい、気力がわかなくて、ぼっーとテレビを観てました」

先生「そうか勉強への気力がわかなくて困ってるんだね」（要約する反射）

中学生「はい、どうしたらいいでしょうか」

最も単純な初級レベルの反射は、右の例にあるように、子どもが言った言葉の一部をそのまま繰り返すものです。これは、いわばオウム返しであり、反射などという言葉は知らなくても実行していることもあります。

しかし、この反射だけでは単調ですし不自然です。そこで、子どもの言った言葉を別の語句に言い換えるやり方も採用します。これが中級レベルの反射です。右の例では「やる気になれない」が「気力がわかない」に言い換えられています。

上級レベルの反射は、子どもの言ったこと全体を要約して子どもに返します。右の例では子どもの言ったことが短いので、単に言い換えをしているだけのように聞こえますが、本来の上級レベルの反射では、子どもの話した長い話を、手短にまとめて返します。その際には、「要するに～ですね」の型でまとめると、うまくできます。

反射を実行する際のポイントは、子どもの感情を捉えることです。子ども達が先生に向かって話をする目的は、「情報の伝達」と「感情の共有」の二つです。「情報の伝達」は、子どもが知っている情報を先生に伝えることが目的ですから、先生としては客観的な事実を受けとめればよいのです。これに対して「感情の共有」は、子どもが自分の感情体験を先生に知ってほしいという欲求に基づいて行われますので、聴き手としては、話されている内容が事実であるか否かということよりも、子どもの感情状態に注目し、それを反射させるようにします。

たとえば、子どもが「頭に来た」と言いながら友達とのケンカの話をしているのであれば、「頭に来たのか」と反射させて、その感情に焦点を絞ってあげます。子どもの感情を捉えていれば、たとえ単純な語句の繰り返しでも効果的です。

感情を直接表現している単語だけでなく、感情に関連する語句、「わくわく」「どきどき」「ゆったり」などの擬態語や、「ぴょんぴょん跳ねた」「ドアを蹴飛ばした」などの感情状態と関連する動作などにも注意を払い、それを反射させます。たとえば子どもが「ノートを投げつけちゃったよ」と言ったなら「すごく腹が立ったんだね」と反射してあげます。

さらに、感情を伝える非言語記号（笑顔、声の震えなど）に注目して、それを反射させることも可能です。たとえば子どもの笑顔を観て「うれしそうな顔をしているね」と言ってあげるのは、非言語記号に対する反射です。

上手な反射は、子どもにも先生にも次のようなメリットをもたらします。

子どもにとってのメリットは、第一に、話を聴いてもらっている、理解されていると感じることができます。既に述べたように、「うん、うん」「へえー」程度の相づちの言葉でさえ、子どもは励まされます。まして、自分の話に関連した言葉が、先生の口から発せられるのですから、子どもは、先生が真剣に話を聴いていると感じます。しかも、反射されてくる言葉は、自分の言っていることに反することや非難や批判の言葉ではありませんから、話の流れを妨げられることがありません。気持ち良く先へ先へと話を進められます。

第二に、子どもは、自分の話の核心や感情状態を確認することができます。自分に関することが先生の口から発せられるのを聞くことで、多少なりとも客観的に自分の状態を〝観る〟ことになります。場合によっては、子ども自身が、問題解決のきっかけをつかむことができます。カウンセラーが反射を用いるのは、この効果を狙っているからです。

先生にとってのメリットは、第一に、「私はあなたの話を聴いている」というメッセージを、直接こう言わずに子どもに伝えることができます。このメッセージは、既に述べたように、子どもにとって強力な心理的報酬となります。

第二に、先生は、子どもの話を自分がどう理解したか確認できて、誤解が防げます。1章で述べたように、子どもは自分の思いを言語記号と非言語記号を使って記号化して伝えてきます。先生はそれを解読しますが、この解読が常に正しく行われるとは限りません。むしろ多少の誤差やズレを含みながら解読されるのが普通ですが、あまりにずれてしまえば、それはあきらかな誤解です。

反射は、話の内容を子どもに返すのですから、「先生はこのように理解しましたが、これで間違いありませんか」と子どもに尋ねているのと同じ働きをします。子どもから理解のチェックを受けるようなものです。早とちりや誤解をしていれば、子どもから「違います」という反応が返ってきます。その結果、自分が理解したことの確認ができ、誤解が防げるのです。

図5には、教師が反射をしている様子を示しました。子どもの思いが記号化された言葉「親が離婚する。イヤだな」と、教師の理解が記号化された言葉「親が離婚するのがイヤなんだ」が、ほぼ同じであることに注目してください。教師が、ほぼ同じ言葉を使って反射したからこそ、子どもの思いと教師の理解がずれていることが判明す

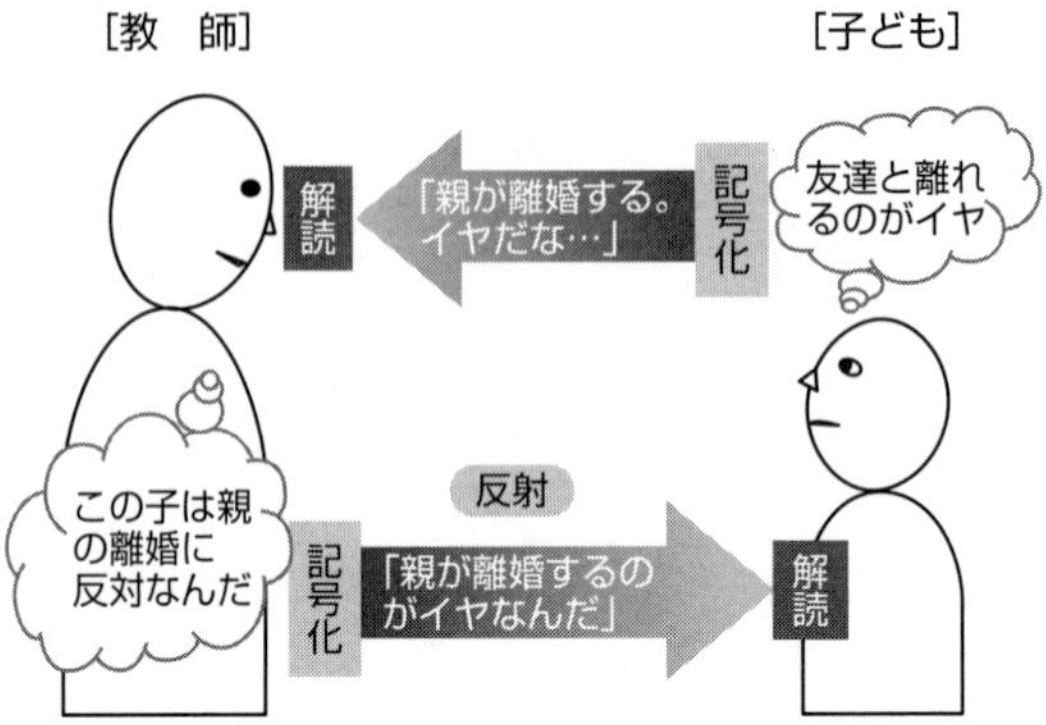

図5　反射で誤解が防げる

るのです。次の具体例に示すように、反射で誤解に気づけば、そのあとの反射で、今度は理解したことを確認することができます。

〈反射の例2〉

中学生「先生、今度、うちの両親、離婚するかもしれないんです」
教師「え！　お父さんとお母さんが離婚するの？」
中学生「はい、夕べお母さんから急に聞かされて……イヤだな」
教師「親が離婚するのは、イヤだよね」
中学生「いえ、……実は親が離婚するのは、それほどイヤじゃないんです。二人とも仲が悪くて冷たい関係だったから……仕方がないかなって思ってます」
中学生「はい。離婚は仕方ないと思いますが、転校しなければならなくなりそうで……」
教師「仕方ないか……」
中学生「友達と離れるのがイヤだなと思って」
教師「ああ転校か」
中学生「そうなんです。親友と別れるのがつらい……」
教師「そうか、離婚のせいで親友と離れるのがイヤなのか」

この具体例では、教師の発言がすべて反射である点にも注目してください。

第三に、反射は、教師として子どもの話にどのように対応すべきなのか考える時間を与えてくれます。子どもの話の内容が、悩みの相談や秘密の告白のような場合、先生は、どのように答えたらよいか迷ったり、すぐに反応しなくてはいけないと焦ったりします。そのようなときに、すぐに答えを口にする代わりに反射を使うと、考えるための時間を作ることができます。

また、反射を繰り返すことで、話し手の子どもにとって何が問題なのか本質が見えてくることがあります。それが見えればどのような対応をすべきかおのずと決まってきます。右の〈反射の例2〉でも、先生は反射を繰り返すことで、離婚について性急なコメントをしないで済んでいるばかりか、誤解に気づいて、この生徒への対応は、親の離婚問題ではなく、友達との関係の維持にあることが見えてきます。離婚問題なら、教師が出る幕ではないかもしれませんが、友達関係の問題なら教師が役立てるかもしれません。この生徒へのアドバイスは、両親の離婚に対する不安への対処ではなく、友達との関係を維持する方法についてのものになるはずです。

なお、下手な反射は、不自然で、子どもを白けさせてしまいます。上級レベルの反射は、すぐに巧くできませんが、練習すれば上達します。初めのうちは友人や配偶者など失敗が許される相手で練習した方がよいかもしれません。うまく相手を選んで意志的に繰り返し練習してみましょう。

スキル❸体を使って聴く

話は、耳だけでなく体全体を使って聴きます。「私はあなたの話を聴いている」というメッセージを、体の各部分を用いて子どもに伝える必要があります。体のどの部分も「聴いている」という方向で記号化されなければなりません。体の各部をどのように用いるかについては、表2にまとめてみました。

表2は、2章の表1で示した「モニターすべき非言語記号」と対応しています。つまり、自分の非言語記号をモニターできていることが前提です。また、表2の「適切な使用」は一般論です。状況によっては、ここに挙げた使い方ではない方が、たとえば「不適切な使用」に挙げた「緊張した姿勢」の方がむしろ「聴いている」というメッセージを伝えることがあるかもしれません。大切なことは、体の各部同士が非言語記号として同じメッセージを伝えることです。

たとえば、子どもの方を見て笑顔でうなずいているにもかかわらず、手にしたボールペンを苛立たしそうに小刻みに振っていたりすると、矛盾したメッセージを送ることになります。先生は学校の中でやらなければならないことがたくさんあって忙しいので、つい、時間の圧力をかけるような動きをしてしまうことがあります。先生としては無意識にやった行為でも、矛盾したメッセージは、子どもからは「先生は本当は私の話を聞く気がないんだ」「この先生は私の話にうんざりしている」などと否定的に解釈されます。

表2　聴くための非言語記号の使い方

非言語記号	適切な使用	不適切な使用
動　き	子どもに近づく	子どもから遠ざかる
距　離	腕を広げたくらいの距離	遠すぎる／近すぎる
体の向き	子どものほうに向いている	子どものほうに向いていない
顔の高さ	子どもの顔と同じ高さ	子どもの顔よりも高い
姿　勢	リラックスした姿勢 軽い前傾	緊張した姿勢／弛緩しきった姿勢 後傾
表　情	話の内容とマッチした表情	無表情／過度に笑う
視　線	子どもの目を適度に見る	子どもの目を見ない／過度に見る
うなずき	適度にうなずく	過度にうなずく／うなずかない
手や指の動き	ほとんど動かさない	腕を組む，髪の毛をもて遊ぶ，顔や頭をかく，小物をいじる
タッチング	話の内容によってはタッチング	過度のタッチング／まったくしない
足先の動き	ほとんど動かさない	貧乏揺すりをするなど

言語記号と非言語記号が同じ内容のメッセージを伝えていることも重要です。たとえば「それはよかったね」と言うのであれば、表情や声の調子などもそれに対応していなければなりません。対応していないと、言語記号と非言語記号が、互いの記号化を打ち消し合って、結局は「私は、不誠実な教師です」というメッセージを伝えることになります。

スキル❹子どもの身振りをよく見る

子どもは、自分の思いを言葉だけでなく、非言語記号でも伝えてきます。場合によっては、非言語記号の方が言葉（言語記号）よりも雄弁です。先生は、非言語記号で伝えられる思いも〝聴き取ら〟なくてはなりません。その際とくに注目すべきは、準言語、表情、視線、手の動きです。

準言語とは、声の大きさや強さ、声の高さなどのことです（2章、表1参照）。同じ内容でも、低い声で話しているか高い声で話しているかによって、子どもの意図や感情は異なります。発話の速さも重要な手がかりです。話すスピードが普段よりも速いか遅いか、あるいは急に速くなったり遅くなったり変化していないか注意して聴きましょう。たとえば怒りは、発話の速さと声の大きさに現れやすいことが実験的にも明らかになっています（シーグマンら 一九九〇）。また、言い間違いや言い淀み、どもるなどの発話の乱れは、感情の動きを示しています。

間や沈黙も、子どもたちの思いを〝語って〟います。先生の問いかけに対して子どもが黙り込むことがありますが、その沈黙を安易に「反抗だ」と解釈しないことです。先生の方も一緒に沈黙し、子どもの反応を待ちましょう。または「何を考えているの？」と穏やかに尋ねてみましょう。この問いかけに対して、中学生の子どもであれば「別に」とだけ答えてさらに沈黙を続けることもあるでしょうが、そのようなときは「別に、か……」と反射させて、深追いはしません。ただし、その子どものことを心配し続けているというメッセージを機会あるごとに発し続けます。

表情は、子どもが抱いている感情を如実に伝えます。しかし一般に日本人はアメリカ人に比べて感情の表出は抑制的だと言われています（中村 一九九一）。表情ばかりを手がかりにしていると、感情が読めなかったり誤解してしまう恐れがあります。表情以外の部分にも注目しましょう。とくに、子どもが意図的にコントロールしにくい部分、指先の動きや足の動きなどに着目すると、解読の精度が高まります。意図的にコントロールしにくい部分に、子どもの本心が〝洩れる〟のです。

体のどの部分に注目するにしても、読みとるべきポイントは、子どもの感情です。声の様子、表情や視線の動き、手の動きなどから、子どもの感情の状態や変化を推測しながら聴く必要があります。とくに変化に注目します。話している途中で急に話すスピードが落ちたり、笑顔が急に消えたり、手で小物をいじり始めたりというような変化は、感情の動きを反映しています。

また、体の各部が異なったメッセージを伝えているときも、感情の動きがあると思うべきでしょう。口で「大丈夫です」と言いながら、表情が曇り、声が沈んでいたり、逆に、「もうイヤです」と言いながら晴れ晴れとした表情をしていることがあるかもしれません。このようなときは、「大丈夫って言ってるけど顔は元気ないな」とか「イヤだと言いながら、すっきりした顔をしているじゃないか」などと、体の各部のメッセージが異なっていることを子どもに伝えてあげてもよいでしょう。

スキル❺話を受け容れて感謝する

子どもの話がひと区切りついたら、とにかく子どもの話を受け容れましょう。具体的には、「そうだね」「そうだったんだ」「確かに」などの言葉です。上級レベルの反射、つまり話全体を要約して「要するに、~ということだったんだね」と言ってあげてもよいでしょう。たとえ教師として反論があっても、まずは子どもの話をいったん受け容れてあげることが肝心です。

さらに、子どもが話をしてくれたことに感謝の言葉を発しましょう。基本は「話してくれて、ありがとう」です。子どもの話が、ほかの子どもの悪口であっても、悩みの相談であっても、教師や学校に対する不平や不満であっても、とにかく「話してくれて、ありがとう」です。「お陰で先生は、吉田さんの気持ちが良く分かった」などの言葉が加われば、子どもはさらに安心するでしょう。

このような受容や感謝がないままに先生が自分の意見を話し始めると、子どもは、先生の話を聞く態勢に入れません。自分が話したことを先生がどのように受けとめたのか分からず不安になります。そのまま先生が話を始めれば、子どもには抵抗や反抗の心が芽生えます。逆に、「先生が自分の話を受けとめてくれた」と分かれば、先生の側からの話を聞き入れる余地が生まれます。

子どもの話に対する反論、教育的配慮に基づく説教、道徳的判断や倫理的判断は、子どもの話をいったん受け容れて、感謝の言葉を発したあとからにしましょう。

スキル❻共感を示す

子どもの話の目的が、情報の伝達よりも感情の共有であるときには、子どもが話してくれたことに感謝したあと、共感を示しましょう。

共感を示す言葉の基本型は［先生も］＋［感情語］です。たとえば「先生もうれしい」「先生も腹が立ってきた」です。

ここでの感情語は、子どもが話の中で表明した言葉をそのまま使うと効果的です。子どもの感情を反射させるときに用いた感情語（**スキル❷**「反射させながら聴く」参照）を使うのが基本です。子どもが表現した感情語とそっくり同じである必要はありませんが、意味内容が異ならないことが重要です。

共感を示す表情にも配慮しましょう。表2にも示したように、子どもが話した内容とマッチした表情をしましょう。

スキル❼話題に関連した質問をする

子どもの話を受け容れて感謝したあと、話について疑問に思った点やよく分からなかった点があれば、この段階で質問しましょう。逆に言えば、この段階までは、子どもの話を中断させないことを優先させて、先生の側からの質問は控えます。子どもの話を受容せず感謝の言葉を発しないままに質問をすると、子どもは先生から攻められているのではないかと警戒します。

ここでも質問の形は、基本的には「開いた質問」です。「さっき、～と言ってたけど、どうしてそう思ったの？」「～したって言ってたけど、どんなふうにしたの？」のような言い方です。開いた質問は、既に述べたように、尋問や詰問調になるのを防いでくれます。

ただし、子どもの話のひとまとまりをしっかり聴いたこの段階ならば、「閉じた質問」でもかまいません。「さっき、～と言っていたけど本気でそう思ったの？」「～したって言ってたけど、それはあなた一人でしたの？」のような尋ね方になります。

先生の質問に対する子どもの答えを聴くときは、これまでに述べてきたスキル❶からスキル❻までを再び実行します。

スキル❽自己開示の返報性を使う

私達は他者と話をする際にお互いに、相手の話題の親密度（内面やプライバシーに関わる程度）に合わせながら、自分の話題の親密度を決めています。そのため、一方が自分の内面やプライバシーに関わる親密度の深い話をすると、それを聴いた方も、お返しに親密度の深い話をするという現象が起こります。この現象を「自己開示の返報性」と呼んでいます。

先生が、子どもの内面に関わる話を聴き出したいときにこの現象を利用することができます。

まず先生が、話題になっているテーマについて自分の体験やプライベートな出来事について話をします。「実は先生は～」「先生が子どものときも～」「ウチの子はね～」などと言って話し始めるのが一般的な形です。あくまで子どもの話を聞き出すのが目的ですから、先生が話しすぎないように注意しましょう。ある程度話をしたら、子どもの反応を待ちます。

反応を待っても、必ずしも自己開示の返報性が起こるとは限りません。子どもは、先生の話に耳を傾けただけで、自分のことについては話をしないこともあります。そのようなときは、無理に聴き出すようなことをしてはいけません。「参考までに先生のことを話した」旨を言って、このスキルの使用はその時点でやめましょう。子どもが自己開示を返してこなくても、先生が個人的な話をしたこと自体は、子どもに否定的に評価されることはほとんどないはずです。

このスキルは、これまでの**スキル❶**から**スキル❼**までと違って、常に使う必要はありません。次のような条件が満たされているときに試してみてください。

①子どもの年齢は、少なくとも小学校高学年以上。中学生以上なら大丈夫でしょう。

②先生と子どもとの間に、ある程度の信頼関係が既にできていること。そうでないと先生が親密度の深い話をしても、子どもはお返ししてくれません。

③子どもの話を聴く時間が十分にあるとき。短い時間しかとれないときや立ち話のときは避けましょう。子どもと一対一で教室でゆっくり話が聴けるときや、継続的に一人の子どもの話をずっと聴いてきたときには効果を発揮するでしょう。

3-3 聴くスキルを学級全体に使う

ここまで述べてきた聴くスキルは、先生が一人の子どもに対応する状況を想定して説明してきましたが、先生が学級全体の子ども達と対応する状況でも使えます。

たとえば、朝の会や終わりの会、学級全体での話し合いや討論会の状況を考えてみましょう。

このような会では、複数の子ども達が次々に発言します。それらを聴いていると先生としては何か言いたくなることがあるかもしれませんが、**スキル❶**「最後まで聴こうと自分に言い聞かせる」を実行します。そしてときどき、子どもの発言に対して**スキル❷**「反射させながら聴く」を実行します。ある子どもAの発言について先生が「要するにAさんは、～ということが言いたいんですね」と反射させれば、子どもAだけでなく子ども達全員に確認することができます。先生のこの反射をきっかけに、子どもAは自分の意見を補足したり、別の子どもBがそれへの賛意を述べたり、さらに別の子どもCが反論を言い出したりすることも起こりえます。反射は、話し合いや討論会ではとくに有効です。先生も話し合いに参加しているように見えて、その実、先生自身の意見を言っているわけではないので、子ども達の自発的な意見の発露を妨げません。

話し合いや討論会で、もし、めったに発言しない子どもDが何かを言ったら、その意見がどんなものでも、先生は**スキル❺**「話を受け容れて感謝する」を使って「なるほどDさんの言うとおりかもしれないね。ありがとう」と言ってあげることができます。また、話し合いや討論会では、子ども達の発言が一段落したところで、**スキル❼**「話題に関連した質問をする」を実行して、問題の焦点を絞ったり核心に迫ることもできます。さらに話し合いのテーマによっては、**スキル❽**の、「自己開示の返報性を使う」を実行して、子ども達の発言を引き出すことを目的に、先生が自らの体験談を開示してもよいでしょう。

4章　思いを上手に伝える

4-1 思いを伝えない言い方

前の章では、子どもの思いを受けとめることは、子ども達との関係において最も基本的な行為であるとの観点から、話を聴くスキルについて説明しました。しかし、思いを受けとめるばかりで、先生が自分の思いを語らなかったら、子ども達との良好な関係を築くことはできません。積極的に先生の思いを子どもに伝えましょう。

先生がいつ自分の思いを伝えるべきかは感情が教えてくれます。一つは、喜び、満足、感動など肯定的な感情が生じたときであり、もう一つは、イライラ、不満、緊張、怒りなど否定的な感情が生じたときです。

肯定的な感情が生じて、先生が自分の思いを子ども達に伝える場合は、ほとんど問題が起こりません。先生が素直に自分の思いを伝えているからです。これに対して否定的な感情が生じた場合に問題が起こります。否定的な感情が生じるのは、多くの場合、子ども達が先生にとって受け入れがたい言動を行ったときであり、先生は冷静でいられなくなるからです。このような場合、不思議なことに先生は自分の思いを語っていません。

たとえば、先生が授業中、熱心に説明をしているのに佐藤さんが隣の席の鈴木さんとおしゃべりをしていて、先生はそのおしゃべりが気になっているとします。このようなとき先生ならどうするでしょうか。

何も言わないという思いの伝え方もあります。これは「非主張反応」と呼ばれています。佐藤さんのおしゃべりについて教師として何を考えているのか何を感じているのか口に出さないというやり方です。問題を起こしている子どもの存在を無視したり、何事もなかったかのように振る舞ったりします。

反対に、怒りをあらわにするという思いの伝え方もあります。これは「攻撃反応」と呼ばれています。佐藤さん、鈴木さんの名前を呼び、「静かにしなさい！」と怒鳴ったり、「二人ともその場で立っていろ」と言ったりします。正しいのは常に教師であるという思いがあり、子どもの意見を聴かず、子どもの感情や自尊心にも、子どもが置かれている状況にも配慮しません。

皮肉（「このクラスはなんて静かなんでしょう」）や、遠回しの発言（「去年のクラスは良いクラスだったなあ」）、あるいは不機嫌な顔をして乱暴に教科書を閉じたりするのは「間接的攻撃反応」と呼ばれています。直接、攻撃的なことは言いませんが、間接的に、または表情や態度で攻撃的な思いを伝えるやり方です。

以上、三つの反応は、下手な思いの伝え方ですが、これを実際にする先生の数は少ないかもしれません。多いのは、いかにも教師らしい言葉を使って、自分の思いを伝えようとする先生です。

〝教師らしい言葉〟とは、説教（「中学生なら、授業は静かに聞くものです」）、批判（「ダメじゃないか、授業の邪魔をして」）、分析（「君は目立ちたいから、そんなにおしゃべりをするんだ」）、決めつけ（「佐藤さんは本当におしゃべりな子だね」）、命令（「おしゃべりはやめなさい」「静かにしなさい」）、脅迫（「すぐにおしゃべりをやめないと、二人とも立たせますよ」）などです。

このような種類の言葉は、必ずしも感情的に発せられるわけではありませんから、先の攻撃反応とは違って聞こえます。それだけに〝教師らしい言葉〟に聞こえますが、これらの言葉がもたらす効果は、攻撃反応と大差ありません。これらの言葉は、教師

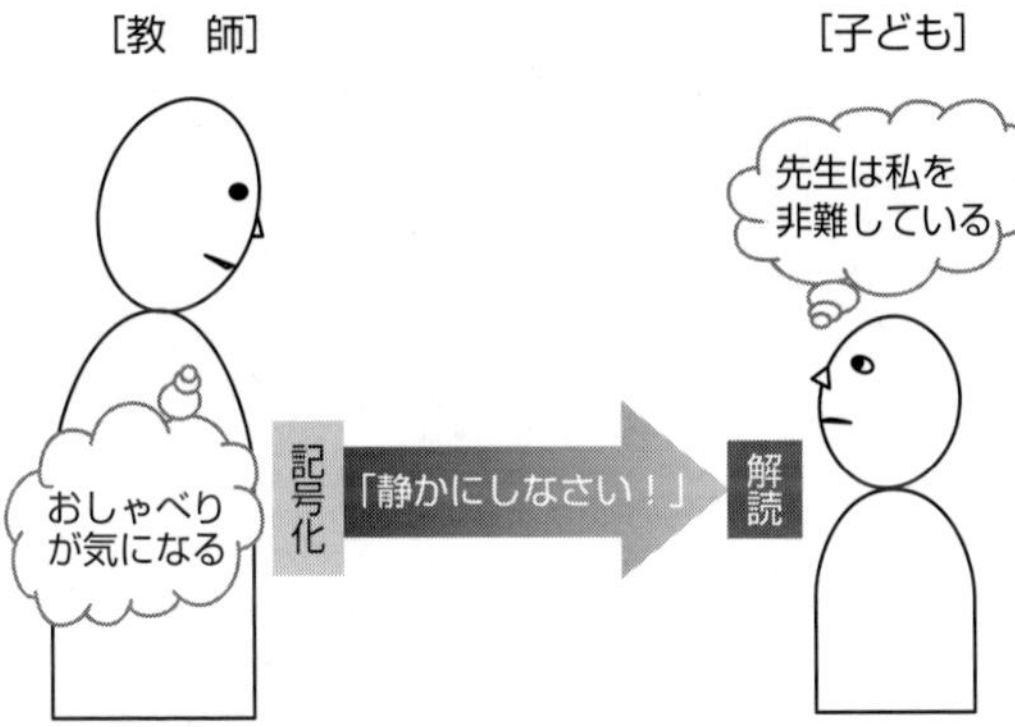

図6　思いを伝えない言葉遣い：あなたメッセージ

の思いを子どもに一方的に押しつけたり、圧力をかけたり、権力や権威を振りかざしたりするための言葉だからです。

これらの言葉は、先生の思いを伝えないばかりか、先生の思いを誤って伝えてしまいます。図6に示したように、先生の思いは「おしゃべりが気になる」ですが、「静かにしなさい！」と記号化されれば、この言葉は子どもに「先生は私のことを非難している」と解読されてしまいます。たとえ教育的な配慮のつもりで発した言葉でも、子どもは、自分を否定するメッセージだと受けとめます。その結果、「先生は口うるさいイヤなやつだ」などと先生のことを否定的に評価したり、「こんな先生の言うことなんかきくもんか」などと反抗心をかき立てたりします。

なぜ、このようなことが起こってしまうのでしょうか。なぜ、先生の思いが伝わらないのでしょうか。

それは、先生の言葉遣い（記号化）が子どもと思いのやりとりをするのには適切ではないからです。説教、批判、分析、決めつけ、命令、脅迫などは、これらの言葉を口にする当人の思いを表現せずに、実は、相手のことを表現しています。

先に挙げた具体例をもう一度見てください。説教の「中学生なら、授業は静かに聞くものです」は、主語を補えば、「あなたは中学生なんだから授業は静かに聞くものです」となります。批判の「ダメじゃないか、授業の邪魔をして」は、「あなたはダメじゃないか」ですし、命令の「おしゃべりはやめなさい」「静かにしなさい」は、「あなたはおしゃべりをやめなさい」「あなたは静かにしなさい」です。脅迫の「すぐにおしゃべりをやめないと、二人とも立たせますよ」は、「あなたがすぐにおしゃべりをやめないと～」です。すべて「あなた」で始まる言葉であり、先生は自分の思いではなく、子どものことに焦点を当てているのです。そこでゴードン（一九八五）は、これらの言葉遣いを「あなたメッセージ」と名付けています。

「あなたメッセージ」は、意味的な主語が「あなた」、つまり子どもですから、「問題の原因は子どもにある」と言っているメッセージです。そのため、「あなたメッセージ」の受け手である子どもは「責められている」「非難されている」「先生は自分の責任を棚上げにしている」などと感じて、先生を否定的に評価したり、反発したりするのです。図6は、「あなたメッセージ」の様子を示している図でもあります。

肯定的な結果を生まないにもかかわらず、先生が「あなたメッセージ」を口にするのはなぜでしょうか。それはこれらの言葉が、大人が子どもに向かって使う言葉の典型であり、先生自身が子どものころに教師や親から言われ続けた言葉だからです。これらの言葉以外に、自分の思いを伝える言葉を知らない先生が多いのです。

先生が自分の思いを適切に伝えるには、これまでとは違った言葉の使い方を意志的に身につける必要があります。子ども達との関係においては、言う内容もさることながら、先生の言い方がとても重要なのです。

4-2 思いを伝えるスキル

以下では、思いを伝えるのが下手な教師像を具体的にするために、1章での分類に従って〝引っ込み〟タイプと〝攻撃〟タイプに分け、最初の二つのスキルは、タイプごとに説明します。

スキル❶思いを上手に伝えようと自分に言い聞かせる

子ども達が、掃除をさぼったりケンカをしたり学校の器物を壊したりすることがあります。授業中であるにもかかわらず立ち歩いたり、宿題を繰り返し忘れたり遅刻を繰り返したりする子どももいるでしょう。このようなときでも何も言わない、何も言えない、非主張反応が多い〝引っ込み〟タイプの先生なら、まずは、「自分の思いを上手に伝えよう」と自分に言い聞かせる自己会話から始めましょう。黙っていたのでは決して思いは伝わりません。「自分の思いを伝えよう」と自分に言って自らを励ましてください。

はじめから完璧を狙う必要はありませんし、完璧にできる人はひとりもいません。「ねばならない」「ねばならない」とか「すべき」という思いにとらわれる必要もありません。「何か言わなければならない」のではなく、「何か言えたらいいな」とか「子ども達が少しでも分かってくれたらいいな」「うまく伝わらなかったらやり直せばいい」などと気軽に構えましょう。

「自分の思いを伝えよう」と常に自分に言い聞かせつつ、子ども達の言動で嬉しかったこと、感動したことがあったときに、その気持ちを積極的に子ども達に伝えましょう。先生自身が体験したことで肯定的な感情が生まれた体験があれば、それも子ども達に語って聞かせましょう。肯定的な感情に導かれて思いを伝えているときは、緊張や不安を感じずに素直な思いを伝えることができます。これを繰り返せば、子どもに思いを伝えることに慣れますし、子ども達との信頼関係の基礎もできます。そのうえで、子ども達が、先生にとって受け容れがたい言動を行ったときには、子ども達によって引き起こされた否定的な感情を伝えることも試みてください。

他方、子ども達が先生にとって受け容れがたい言動を行ったときに、すぐに腹を立ててしまう〝攻撃〟タイプの先生も、「自分の思いを上手に伝えよう」と自分に言い聞かせてください。怒鳴ったり一方的に叱ったりすることが、思いを伝えることではありません。

怒鳴ったり叱ったりすると、子ども達は、とくに低学年の子ども達は、先生の言うとおりに従うでしょう。そのため先生は、何か問題が起こると、ついまた怒鳴ったり叱ったりを繰り返してしまいます。しかし、子ども達が先生に従うのは、先生の思いを受けとめたからではなく、先生の怒鳴り声や怒りの言動を避けたいからです。子ども達自身が納得したうえで先生に従っていないので、怖い先生がいない所では、子ども達は、先生にとって受け容れがたい言動を繰り返す恐れがあります。

スキル❷自己会話で気持ちを落ち着かせる

〝引っ込み〟タイプの先生は、自分の思いを伝えようと決心しても、相手が小学校高学年や中学生だったり、また、子ども達にとって耳の痛い話だったりすると、緊張や不安を感じることもあるでしょう。「子ども達から猛反発を食ったらどうしよう」

「子ども達から嫌われたらいやだ」「わざわざ言わなくていいのではないか」などという消極的な考えが浮かぶかもしれません。

このような考えが浮かんだら、ここでも自己会話を実行します。**スキル❶**と同じ「自分の思いを伝えよう」でも良いですし、「うまく話せなくても大した問題じゃない」「完璧である必要はない」「素直な気持ちを伝えよう」などと、心構えを自分に言って聞かせても良いでしょう。

このような自己会話には、浮かび上がってくる否定的な考えや不安や緊張、または興奮を静める鎮静効果があります。また、「ゆっくり話せ」「子ども達ひとりひとりを見ろ」などと、どのように振る舞ったらいいか具体的な指示を自分に出す自己会話も有効です。これは、自己会話のコーチ効果を狙ったものです。ちょうどスポーツのコーチのように、目の前の問題にどう対処したらいいか、自分に指示を出して自分の行動をコントロールするのです。

〝攻撃〟タイプの先生は、「自分の思いを上手に伝えよう」と思っていても、子ども達が先生にとって受け容れがたい言動をしているのを見た途端に怒鳴りたくなってしまうかもしれません。そのようなときこそ、「落ち着け」などと、鎮静効果を狙った自己会話を繰り返して興奮を抑えましょう。「深呼吸しろ」と自分に指示を出してコーチ効果を狙った自己会話をしてもよいでしょう。

〝引っ込み〟タイプの先生、〝攻撃〟タイプの先生、いずれの場合も、自己会話の台詞は、自分なりにあらかじめ決めておき、使うべきときにすぐに使えるようにしておきましょう。

スキル❸「私メッセージ」を発する

既に述べたように、子ども達が先生にとって受け入れがたい言動を行ったときに大抵の先生は、説教、批判、きめつけ、分析、皮肉、命令、脅迫といった「あなたメッセージ」を口にします。「あなたメッセージ」では先生の思いが伝わらないことも既に述べました。

「あなたメッセージ」に代わるものとして、ゴードン（一九八五）は、「私メッセージ」を提唱しています。「私メッセージ」とは、意味的な主語が「私」である言葉遣いです。自分の内側に湧き上がっている思いを把握して、それを素直に伝えようとする話法です。

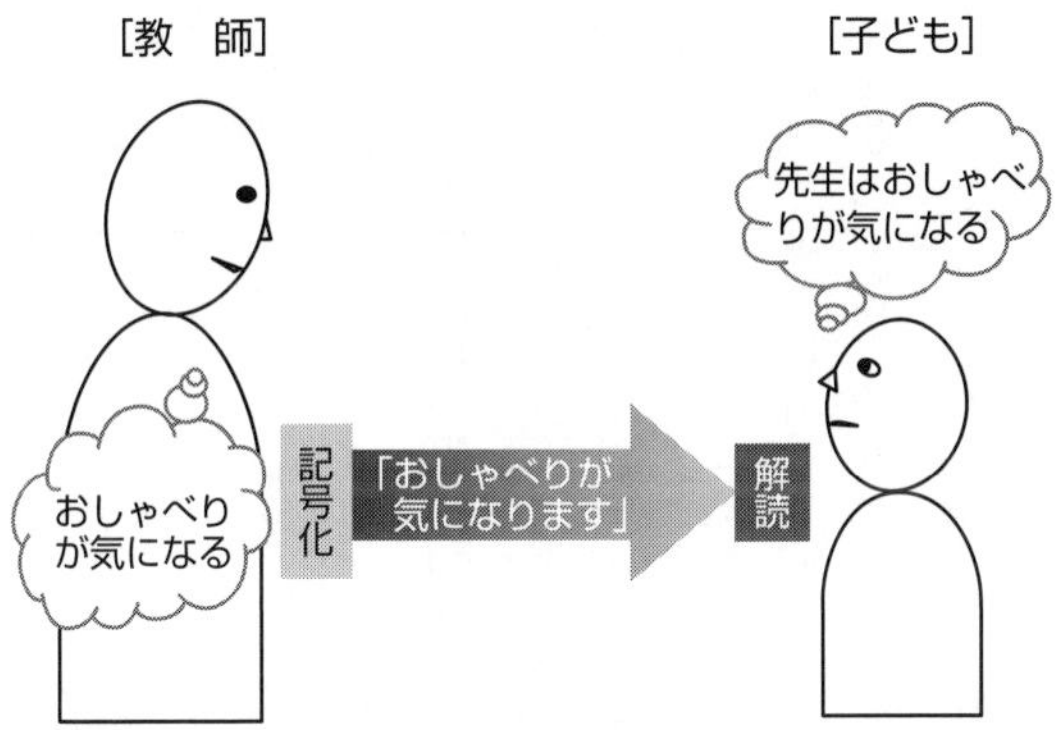

図7　思いを伝えようとする言葉遣い：私メッセージ

先の具体例、「先生が授業中、熱心に説明をしているのに佐藤さんが隣の席の鈴木さんとおしゃべりをしている」例で説明しましょう。図7を見てください。

先生の内側に最初に起こった思いは、「おしゃべりが気になる」です。その結果、「静かにしてほしい」、あるいは「佐藤さんは許せない」とか「懲らしめてやろう」という気持ちも続いて起こるかもしれませんが、これらは、最初の思いではなく二次的な思いです。「私メッセージ」では、最初に起こった思いをできるだけ素直に記号化するように努めます。すると自動的に意味的な主語は「私」になります。この例の場合は「おしゃべりが気になります」という言葉に記号化されます。

子どもは、この言葉を解読するわけですが、意味的な主語が「私」、つまり先生のことですから、子どもは自分が責められているとは感じません。「先生はおしゃべりが気になっている」と解読します。こうしてはじめて、先生の思いが子どもの側に伝わったことになります。

「私メッセージ」が的確に子どもに影響を与えるためには、次の三つの要素が含まれていると良いと言われています。

①何が先生にとって問題か

子ども達の言動のうち、何が先生にとって問題なのか、何が受け容れがたいのかを表現します。ここで伝えるのは単純な事実です。先の例では、「佐藤さんが鈴木さんとおしゃべりしている」となります。

評価や非難は避けます。「佐藤さんが鈴木さんとうるさくしている」「佐藤さんが鈴木さんと授業に関係ない無駄話をしている」などと言うと、評価や非難が入ってきます。また、「先生の話をまともに聞けない佐藤さんが、いつものおしゃべりをしている」などと言って、子どもの特性や性格に言及することも避けます。

②先生が受ける影響

右の①であげた事実が、先生に及ぼす影響を述べます。先ほどからの例で言えば「佐藤さんが鈴木さんとおしゃべりしていると、先生は気になって授業ができません」となります。先生が受ける影響は具体的であることが肝心です。先生の側に起こっている問題を述べるので、子どもは、自分の言動が先生に影響を及ぼしていることを知ると同時に、自分の言動が直接、非難を受けているわけではないことも理解します。

③先生の内部に起こっている感情

右の②の影響が、先生の内部に引き起こしている思い、とくに感情を述べます。たとえば「佐藤さんが鈴木さんとおしゃべりしていると、先生は気になって授業ができません。いい授業をしようと思っていたのに……悲しくなるな」となります。①と②では、事実や客観的な事項を述べるように努めますが、ここでは主観的な思いや感情を率直に述べるようにします。

自分の感情を口にすることに抵抗のある先生もいるでしょうが、感情表現を入れると、先生の発している言葉が、子どもを責めるためのものではなく、先生自身の思いを伝えていることがはっきりします。できるだけ入れるよう努めてください。

論理的には、先生にとって受け容れがたい子どもの言動があり（原因）、そのことが先生に影響を与え（結果）、先生の内部に感情が起こります（感情）。したがって、「私メッセージ」は、三つの要素、①原因、②結果、③感情をこの順番で並べるのが理に叶っています。しかし、実際に「私メッセージ」を口にするときには、この順番が変わっても子ども達に思いは伝わります。たとえば「いい授業をしようと思っていたのに……悲しくなるな。佐藤さんが鈴木さんとおしゃべりしていると、先生は気になって授業ができないんだ」でも、「悲しくなるな。佐藤さんが鈴木さんとおしゃべりしていると、先生は気になって授業ができないんだ、いい授業をしようと思っていたのに……」でも、先生の思いは伝わります。

「私メッセージ」はすぐには使えません。まずは使おうと決意をし、これまでの「あなたメッセージ」の多い言葉遣いを省みて、そのうえで「私メッセージ」を何回も練習してください。「私メッセージ」を実際に発する体験を重ねてください。

「私メッセージ」を薦めるのは、これが先生の思いを伝えるだけでなく、子どもに二つの効果をもたらす言い方だからです。一つは、子どもの反発心を抑える効果、もう一つは、子どもの自律的な思考を促す効果です。この二つの効果は、「あなたメッセージ」と比較してみると理解できます。

「あなたメッセージ」では、子どもは自分に対する評価を聞かされることになりますから、反発します。それに対して、「私メッセージ」は、「私とあなたは別の人間であり、私があなたについて感じたり考えたりしたことは、あくまで私の感じ方であり、それを伝えたいのであって、あなたを非難することが目的ではない」というメッセージを伝えます。子どもは、先生のことについて聞かされますから、反発心はすぐには起こりません。先生の言葉を素直に解して、先生の内側に起こっている状態や思いを知ることになります。

子どもが、自分の言動によって先生の内側に問題が起こっていることを知ったうえで言動を改めたとすれば、それは自発的に改めたことになります。「あなたメッセージ」で教師から命令や指示をされて受動的に言動を改めたのとは違います。

もちろん、「私メッセージ」を使っても、子どもが「先生がおしゃべりが気になるのは、私のせい？」と考えた結果、「私のせいじゃない、先生の授業がつまらないからだ」とか「おしゃべりしているのは私だけじゃない」とか「おしゃべりが気になるなんてこの先生、気が小さい」などと反発心や、先生に対する否定的な評価が起こるかもしれません。しかし、これらの思いは、「あなたメッセージ」のときのように、先生に押しつけられた評価に対して反発しているのとは違い、子どもが自分の頭で考えたあとの反発です。同じ反発でも、子どもの自律的な思考である点において評価できます。

このように「私メッセージ」が子どもに良い効果を及ぼすことが分かったとしても、慣れないうちは「私メッセージ」を口にするには勇気が要ります。先生が今まで口にしてきた「あなたメッセージ」は、子ども達に対して優位に立っていることを感じさせる表現ですから気軽に口にすることができましたが、「私メッセージ」は、教師も子どもも人間としては対等であるという立場に立とうとする言い方です。そのため、素直な自分の思いを子どもに伝えてしまって「教師としての権威を失うのではないか」「子ども達に主導権を渡すことになるのではないか」「せっかく自分の思いを伝えても子ども達に無視されたり否定されて傷つくのではないか」といった心配が湧いてきます。

確かに「私メッセージ」は、先生が一方的に権威を押しつけたり、主導権を握ったりするには役立ちませんし、子どもが、先生の言い方に対して無視や拒否をすることを認める言い方ですから、慣れないうちはある種の怖さを感じるかもしれません。

しかし、「私メッセージ」を使い始めてみると、先生の本来の思いが、それまでよりも子ども達にうまく伝わっていることが実感できるはずです。子ども達の反応がそれまでとは違うはずです。先生の思いが少しでも的確に伝われば、子ども達は先生に対して親しみを込めた尊敬の念を抱きます。先生が押しつけた権威によってではなく、子ども達が自分の内に育てた先生への敬意から自発的に先生に従うようになります。それは主導権を渡したことではありません。子ども達の自発性を促したことによる成果です。

勇気を出して「私メッセージ」を発してみましょう。

スキル❹肯定的な依頼の言葉を添える

「私メッセージ」だけでも先生の思いを伝えることはできますが、子どもが言動を変えるようはっきり言わないと分かってもらえないこともあります（とくに相手が年齢の低い子どもの場合）。ここまで使ってきた授業中のおしゃべりの例で言えば、「佐藤さんが鈴木さんとおしゃべりしていると、先生は気になって授業ができません。いい授業をしようと思っていたのに……悲しくなるな」だけでは、分かってもらえないことがあるということです。そのような場合は、どうしてほしいのか具体的な依頼の言葉を添える必要があります。たとえば「静かにしてほしい」というひと言です。

この依頼の言葉は、これだけを言うのではなく、これまで述べてきた「私メッセージ」に付加する形で、つまり、［原因］＋［結果］＋［感情］＋［依頼の言葉］の形で用いるのが基本です。

また、この依頼の言葉は、あくまで先生からのお願いです。「どうして先生の話が聞けないの！」というような強迫的な表現や命令はもちろんのこと、指示も、できれば使わないようにします。この部分が、たとえば「静かにしましょう」と、「あなたメッセージ」という指示になってしまえば、「(あなたは) 静かにしましょう」になってしまいます。この部分は、先生のお願いですから、「(私は) 静かにしてほしい」という「私メッセージ」でなければなりません。

さらに、この依頼の言葉は、できるだけ肯定的な表現を用います。「うるさくしないでほしい」ではなく「静かにしてほしい」、「廊下を走らないでほしい」ではなく「廊下は静かに歩いてほしい」、「遅刻しないでほしい」は「時間は守ってほしい」、「宿題を忘れないでほしい」は「宿題をやってきてほしい」です。このように大抵の事象は、否定的にも肯定的にも言えますので、ことあるごとに「肯定的に言うには何と言えばよいのか」と自問して、肯定的な表現を心がけてください。

スキル❺体を使って伝える

既に2章や3章で述べたように、先生の思いは、非言語記号で子ども達に伝わっています。とくに自分の意志でコントロールしにくい手足の動き、視線、音声などで伝わります。机の上を指先でこつこつ叩いたり、貧乏揺すりをしたり視線をそわそわ泳がせたりすれば、意図しなくても一定の思いが伝わります。腕を組むという反応ひとつとっても、子どもに対する拒否や嫌悪、威嚇の思いが伝わり、文脈によっては先生の防衛の気持ちが伝わります。

図8に示した教師の絵を見てください。机に置いた両手、前傾姿勢、笑顔の表情から、この教師の機嫌の良さ、子ども達に対する友好的な気持ち、興味関心の深さが伝わると言われています（ネイル　一九九四）。このように先生の思いは、言葉だけでなく、身振り手振り表情などで、自然に、無意図的に子ども達に伝わります。

思いが無意図的な非言語記号で伝わっているのなら、意図的に非言語記号を使って

図8　教師が伝えている思いは？（Neill, 1989；ネイル, 1994）

思いを伝えようという発想が生まれるのは自然なことです。これがソーシャルスキルの発想です。先生の思いは、言葉だけでなく、非言語記号でも伝えることができます。3章の**聴くスキル❸**「体を使って聴く」は、ひとつの具体例です。先生の「聴きたい」という思いは、体全体で伝えることができると述べました。同じように、たとえば先生の「静かにしてほしい」という思いは、体を使って伝えることもできます。

ただし、机をドンと叩いたり大きな声を張り上げるような攻撃反応が、主張的な反応だと勘違いしないことです。「私メッセージ」にふさわしい反応は、教師として言いたいことは言うが、子ども達を責めるのが目的ではないことを伝える反応です。一般には3章の表2「聴くための非言語記号の使い方」と同じです。具体的には次のようになります。

　思いを伝えたい子どもに近づきます。授業中であっても伝えたい思いが強いときは、対象となる子どもに近づきます。子どもが座席に座っているなら、先生は腰をかがめて子どもの顔の高さと同じになるようにします。子どもが立っているときも、身長の低い子どもの場合には、顔の高さを同じにするようにします。体の向きは子どもの方に向けますが、お互いが立っている場合は必ずしも正面に位置する必要はありません。お互いの緊張を和らげたければ、子どもの斜め前に位置します。姿勢は、軽い前傾姿勢をとります。手や腕は、話の内容に合わせて動かします。表情は、話の内容や感情とマッチさせます。感情を押し殺した能面のような表情を無理にする必要はありません。視線は、話の途中では適度にそらして構いませんが、話の切れ目には子どもの目を見ます。声の大きさは、興奮するとどうしても大きくなるので、大きくなりすぎないように注意します。話が一区切りついたときは、こちらの意図が伝わっているかどうか子どもの表情や体全体の動きから読みとります。沈黙や間《ま》も使い方次第で先生の思いを効果的に伝えます。

スキル❻聴くスキルに切り替える

先生の思いを、「私メッセージ」や非言語記号で子どもに伝えたあとは、3章で述べた**聴くスキル❶**「最後まで聴こうと自分に言い聞かせる」を実行します。そして、子どもの反応を待ちます。

「私メッセージ」を使えば、「あなたメッセージ」ほどには反発心を招かないために、子どもの中にはすぐに自分の言動を変える子どももいます。他方で、先生の「私メッセージ」を聞いて、自分の言動が先生に影響を与えたことを知り、その結果、防衛的になったり反発したりする子どもも出てきます。いずれにしても先生の思いを受け取った子どもは何かを言うでしょう。子どもが何かを話し始めたら、3章で述べた「聴くスキル」すべてを使って耳を傾けましょう。先生の思いを伝えたあとは、すぐに子どもの思いを受けとめる態勢に切り替えます。この切り替えが大切です。

いつまでも先生の思いを繰り返して言わないことです。たとえ子どもがその場では先生の思いを受けとめた反応をしていなくても、先生の思いが届いていることも多々あります。それにもかかわらず、先生がしつこく繰り返して思いを伝えようとすると、そのしつこさに反発してしまい、先生の本来の思いが伝わらなくなってしまいます。

スキル❼タイミングを計る

子どもが、先生の目から見て好ましくないことをしている、それに対して教師として注意や指示を与える。これは教師としてごくあたりまえの行為です。ただし、先生が、子どもの好ましくない言動に対して、いつでも迅速に対応する必要があるとは限りません。もちろん、子どもの安全に関わることは別ですが、子ども達自身も考え、感じながら行動しています。短い時間で見れば好ましくない行動でも、長い目で見れば、子どもの成長に益することもあります。「教師として子どもに何かひと言言うべきか」と、自問してから対応しても遅くはありません。

また、たとえ子どもに何か言うべきだという決定を下した後でも「今ここで」が良いのかどうかも考えてみましょう。心理学の学習理論からの原則（即時強化）は、子どもが何か好ましくない行為を行った場合、その場で即それに対応するのが有効だとされています。しかし、子どもの年齢が一定以上になると、子どもの自尊心は、ほかの子どもの目（評価）に影響を受けます。ほかの子ども達がいなければ、素直に先生の言うことに従えることでも、ほかの子ども達の前では先生の言うことに従わないことが、自尊心の保持に必要な場合もあります。子どもの置かれている状況や立場も考慮に入れて時機を待つことも時には必要です。

さらに、子どもの側の問題だけでなく、先生が伝えたい思いの内容によっては、先生自身の感情がコントロールできるまで待つことが必要なこともあるかもしれません。

5章　批判を上手に受けとめる

5-1 批判に対する考え方

小学生でも高学年以上、遅くても中学生になると、先生に対する批判を口にする子どもが出てきます。「先生は山本さんばかりひいきしている！」「先生のやり方は、おかしいと思います」「先生は××をしなかったから、先生の方が悪いと思います」などという発言です。このような発言が出てくるのは、子どもの精神が健全に発達している証拠ですが、教師であっても面と向かって批判されると、不快感や怒りを覚えます。子どもが言うことだと割り切ってみても、気分が落ち込んだり傷ついたりすることもあるでしょう。また、このような発言が授業中に行われると、先生としては授業が妨害されたと思って困惑するだけでなく、ほかの子ども達の目（評価）も気になり、過度に感情的になったり自己防衛的になったりします。

批判されると人は誰でも自己防衛的になります。「自分は教師として当然のことをやったまでだ」「自分は悪くない、批判する方が悪い」「どうせこのクラスの子ども達はこの程度なのだ」などと合理化を試みたり自己弁護をしたり責任転嫁を図ったりします。自己防衛的になること自体は心の自然な働きで止めようもないことですが、結果として子ども達の声に耳をふさぎ、子ども達の思いを受けとめ損なう恐れがあります。そうなると子ども達と思いやりのある関係は築けません。

さらに、批判を上手に受けとめないと、場合によっては先生と学級内の子どもの問題では済まなくなり、学校の問題や保護者との問題、教育委員会との問題、マスコミとの問題にまで発展しかねません。子どもの批判への対応をおろそかにしてはいけません。

子どもからの批判に対しては次のような考え方を基本としましょう。

①子どもからの批判は必ずある

先生は学級内で数十人の子どもを同時に相手にしています。どんなに努力しても最善を尽くしても、すべての子どもが満足できる教育実践は不可能です。すべての子ども達の不平や不満を少なくすることはできてもゼロにすることはできません。子どもから批判されることを必要以上に否定的に思わないことです。批判されても神経質にならないことです。仕方がないことだとあきらめましょう。

②子どもからの批判は貴重な情報である

子どもからの批判は不可避なものだとあきらめますが、決して無視してはいけません。むしろ貴重な情報だと思い、耳を傾けましょう。批判してくる子どもは、先生に期待をしているのです。期待していない子どもは批判さえしません。批判は期待の表明です。批判の中には子どもの価値観や目標も含まれています。子どもの期待や価値観や目標はいったい何なのか、批判の言葉の中から情報を集めるつもりで耳を傾けましょう。

③批判は、子どもとの関係を見直す好機である

批判をきっかけに、子どもとの関係をもう一度見直してみましょう。先生の言葉や振る舞いの何かがまずかったのかもしれません。つまり先生の思いの記号化が下手だったのかもしれません。あるいは、子どもの思いの解読が間違っていたのかもしれません。いずれの理由にしろ、批判をきっかけに子どもの立場から、これまでの関係を見直してみましょう。

5-2 子どもからの批判に対応するスキル

右のような三つの考え方を前提として、次のような批判への対応スキルを実行しましょう。これらは、3章で述べた「話を聴くスキル」の応用編です。

スキル❶批判に耳を傾ける

批判する子どもには、先生に対する不平不満が溜まっています。腹を立てているかもしれません。子どもはこれらの感情を先生に聴いてほしいと思っています。子どもの批判に耳を傾けて、子どもの感情を発散させてあげましょう。批判に耳を傾けてあげるだけで、子どもは満足し批判の気持ちが治まることもあります。

話を聴くきっかけとしては「小沢さんはそう言うけど、どうしてそう思ったの？」と、批判の理由を尋ねる「開いた質問」から始めましょう。

子どもの話は、先生にとって耳が痛い内容のはずです。だからこそ、**「話を聴くスキル❶」**の「最後まで聴こうと自分に言い聞かせる」は必ず実行しましょう。また、**「話を聴くスキル❷」**の「反射させながら聴く」も実行しましょう。子どもの話の途中で反論したくなるでしょうが、そのときこそ、子どもが話した言葉や内容を反射させるのです。

この段階では、子どもの感情を解き放ってあげること、また、なぜ子どもに批判の気持ちが起こったのか、その理由を確かめることが目的になります。

なお、子どもの批判が授業中に行われた場合は、一般には、授業を中断しない方がよいでしょう。子ども達に「授業中に先生を批判すれば授業を妨害できる」と思われ、批判が、授業妨害の目的に使われるようになると困るからです。「今は授業中だから、その話はあとでしっかり聞きます」とだけ答えて授業を進めましょう。その「あとで」がいつなのか具体的に伝えることが肝要です。当の子どもや学級のほかの子ども達に〝逃げた〟と思われないためです。批判の内容によっては、学級全体で話し合う時間を設ける約束をしましょう。

もちろん、批判が重要な問題や緊急を要する内容を含む場合は、授業を中断させてでも子どもの話に耳を傾ける必要があります。授業の中断については、その都度、先生が判断しましょう。

スキル❷自分の怒りをコントロールする

先生方の中には、子どもの批判に耳を傾けているうちに怒りを覚え、それを抑えられずに爆発させてしまう先生がいます。批判されれば不快ですし、自己防衛的な思いも頭に渦巻きますから、怒りを覚えるのは当然の反応です。しかし、怒りを爆発させてしまうことは教師として許されません。

同じ怒りの爆発でも、子どもがしでかしたことを叱るときの爆発は、子どもの側も納得することがあります。ところが、子どもから批判されたあとの爆発は、子どもとの信頼関係に深刻な悪影響を与えます。批判をした子どもだけでなく、それを見ているほかの子ども達の目にも、先生が我が身を守るために、立場の弱い者に怒りの暴力をふるっていると映るからです。また、怒りを爆発させたあとでは、先生がたとえ正当なことを言っても、子ども達には教師の自己弁護や言い訳にしか聞こえません。怒りの爆発はなんとしても抑えなければなりません。そのために次のことを実行しましょう。

①口を閉じて、数字を十まで数える

怒りは、口を衝いて出ます。口から出た怒りの言葉は、相手ばかりか自分自身も興奮させ、さらに怒りを呼びます。これを防ぐために口をしっかり閉じます。そのあと数字をゆっくり十まで数えましょう。

〝十まで〟に特別な意味はありません。アメリカのカリフォルニア州で、怒りのコントロール法を普及させている有名なNPO組織の名前は〝6 Seconds〟、六秒です。〝六まで数える〟でも構いません。要するに、数を数えて意識をそらし、冷静な判断ができるよう時間稼ぎをするのです。

怒りのような強い感情（心理学では「情動」と呼びます）は、人間の脳の中でも大脳辺縁系と呼ばれている部分が反応して起こると言われています。大脳辺縁系は、脊椎動物の進化の過程では古くから発達した部分で、呼吸や内臓などの自律的な生命活動にも関わっていて、個体が生き残るために働きます。そのため素早く反応します。これに対して思考や言語など高次の機能を担うのが大脳皮質です。大脳皮質の反応は、大脳辺縁系に比べて遅いと言われています。つまり、怒りは大脳辺縁系で素早く生じるのに、その怒りを抑えるべき理性的な判断は、大脳皮質であとから生じるのです。そこで、怒りが生じたときに数を数えて、大脳皮質が理性的な判断をしてくれるまでの時間を稼ごうというわけです。

②深呼吸をする

深呼吸は、鼻からゆっくり十分に息を吸い、口からゆっくり吐き出す呼吸です。

怒りは自律神経のうち交感神経系を興奮させて、呼吸の回数を増やし浅い呼吸に変えます。そこで、深呼吸によって呼吸を意志的に深く規則的に行うことで、交感神経系と拮抗して作用をする副交感神経系の活動を促します。副交感神経系は、心拍を低下させ、内臓の働きを活発にして、興奮を抑える働きをします。つまり深呼吸には怒りの興奮を静める力があるのです。

③自己会話を実行する

怒りは、複雑で理性的な判断ができない状態を引き起こします。怒りに伴い、頭の中には子どものことを批判する言葉が渦巻きます。そこで鎮静効果を狙って「落ち着け」などと、自己会話を繰り返して、頭に渦巻いている否定的な言葉（思考）を抑え込みます。コーチ効果を狙って「深呼吸しろ」と自分に指示を出します。いずれも、理性的な判断ができるまでの時間稼ぎができます。怒りを覚えたときに言う自己会話の台詞は、あらかじめ決めておくことが肝心です。そうでないと、いざ、と言うときに使えません。

以上の①から③までを組み合わせて、「いーち、落ち着け」「にー、落ち着け」などと、深呼吸の数を繰り返し数えながら自己会話を実行すると効果的です。

スキル❸批判から要求を知る

スキル❷で怒りの爆発が抑えられれば、あとは理性的な対応を実行します。

既に述べたように、子どもの批判の前提には、先生に対する期待があります。それが満たされていないために不平や不満がたまっているのです。批判の言葉は、先生に対する不平や不満など感情表明が主なものですが、先生に対する期待も混じっています。スキル❶を使って、子どもの言葉にひたすら耳を傾けながら、「この子は何を要求しているのだろう」と考えてみてください。

もし、それが分からなければ「先生に、どうしてほしかったの？」と子どもに直接尋ねてみるとよいでしょう。このように尋ねれば、子どもは、先生が自分の言い分を理解しようと努めていると思い、満足を覚えます。

スキル❹言い分を受け容れ感謝する

これは、**話を聴くスキル❺**「話を受け容れて感謝する」と同じです。

子どもの言い分を聞き終わった時点で、子どもの言い分を受け容れるひと言を発してあげましょう。子どもの言い分ですから非合理的だったり偏った考えに基づいていたりして、先生としては受け容れ難い場合もあるでしょう。また、すぐにでも反論したい気持ちもあるでしょう。しかし、とにかく「小沢さんの言いたいことは分かりました」とひと言、言ってあげてください。さらに「話してくれてありがとう」と、話してくれたことに感謝する言葉を添えましょう。批判されているのに感謝するのは抵抗があるかもしれませんが、教師として、あるいは大人として子どもに言ってあげましょう。

スキル❺謝罪の言葉を発する

ここでの謝罪には二つの種類があります。

一つは、子どもに、不平や不満、怒りなどの否定的な感情を体験させたことへの謝罪です。子どもの言い分を聴いて、子どもが深く傷ついていると思った場合に必ず実行しましょう。たとえ反論の余地があっても、子どもを傷つけたことが事実なら、そのことに対して謝罪の言葉を述べましょう。「ごめんね、小沢さんをそんな気持ちにさせてしまって」といった言葉が典型例です。この謝罪は、教師として必ずしも自分の非を認めたわけではありません。

これに対して、もう一つの謝罪は、教師としての言動に確かに非があったと思った場合に実行します。子どもの言い分を聴いて、「子どもの批判はもっともなことだ」とか「確かに自分のやり方がまずかった」と思ったときには「ごめんね、確かに先生が悪かった」と言いましょう。

これら二つの謝罪のうち、教師として非があったときだけ謝罪をすればよい、つまり第二の謝罪だけを実行すればよいと思うかもしれませんが、第一の謝罪は、常に実行するようにしましょう。それは、私たちが〝謝罪の文化〟の中に生きているからです。

私たちは、ほかの人に何かをしてもらって感謝の意を伝えるときでさえ、「すみません」と謝罪の言葉を発します。これは、相手に、こちらのために労力や時間を費やさせたことに謝罪して、結果として感謝の気持ちを伝えているのです（アイカワ　一九九〇）。このような文化の中で、子どもの側は先生に非があると思っているのに、教師が謝罪の言葉を一切発しないことは、子ども達（場合によっては保護者）に反発心を起こさせます。

以前、「良い先生とは何か」というテーマで中学生から集団式の聞き取り調査をしたことがあります。そのときに印象深い発言がありました。ある男子生徒が、「先生って僕たちには絶対に謝らない」と発言し、具体例も挙げて、「こんなときでも先生は〝ごめんね〟も言わない」と憤慨していました。この発言に賛意を示した上で、ある女子生徒は「だから逆に○○先生はすごいと思う、私たちにきちんと謝るから」と言っていました。中学生くらいになると、先生が子ども達にしっかりと謝れる人であるかどうかを〝良い先生〟の基準のひとつにしているです。

子どもが小学生であると先生も〝気楽に〟謝れるのでしょうが、子どもが小学生高学年以上になってくると、先生の方も構えてしまい謝罪の言葉を発しなくなるようです。だからこそ、謝罪の言葉を発することは子ども達との信頼関係を作る重要なスキルなのです。

スキル❻要求にどう対応するかを示す

批判をする子どもは、自分の批判に対して先生がどうするつもりなのかを知りたいと思っています。

スキル❸で、子どもが何を要求しているかが分かり、その要求に応えることができるのなら、そのことを子どもに伝えましょう。その際、単なる口約束ではないことを示すために、いつ、どのように実行するのか具体的に伝えることが大切です。約束の言葉は、少なくとも［約束の表明］＋［実行の時（いつ）］＋［実行の方法（どのように）］の三つの要素を入れたものになります。たとえば「きょうからは、テストをやる前には必ず予告をします。その予告は、口で言うだけでなく黒板に書きます」などとなります。

他方、子どもの要求に応えられない場合もあります。このときは、スキル❹「言い分を受け容れ感謝する」、スキル❺「謝罪の言葉を発する」を実行した上で、要求には応じられないことを明言しましょう。この時の言葉には、少なくとも［謝罪の言葉］＋［断りの表明］＋［その理由］＋［代替案の提示］の四つの要素を入れます。

ここでの「謝罪の言葉」は、要求に応えられないことに対する謝罪です。謝罪の言葉を前置きのように言ってから、要求に応じられないことを明言します。それに続けて、なぜ応じられないのか理由を述べます。この理由は、教師と子どもという関係においては、真実や事実を言えない場合もあります。真実や事実が子どもをさらに傷つけてしまう恐れもあるからです。そのような場合は、必ずしも明確な理由である必要はありません。嘘を言うことは避けるべきですが、理由は曖昧な言い方でも仕方がないことがあります。それでも理由または理由らしきものを言いましょう。理由をつけずに要求に応えられないことだけを伝えると、教師という〝権力〟にものを言わせて要求を拒否していると思われます。

理由を述べた後に、できるだけ代替案を提示します。代替案は「きょうは無理でも、あすなら大丈夫」「全部を認めるわけにはいかないが、一部ならよい」「私はダメだけれどもほかの先生なら認めてくれる」などと本来の要求の一部を叶える案です。

断りの言葉の四つの要素を入れると、基本的には「ごめんね、Aをすることはできない、なぜならBだから。でもCならできます」というパターンになります。四つの要素が入っていれば、要素の順番はどうであっても構いません。

＊

ここでは先生に対する子どもからの批判を取り上げましたが、最近は、保護者からの批判やクレームが増えていると聞きます。保護者の中には、我が子のことだけを考えたわがままで利己的な批判や非難を繰り返す人もいて、それらへの対応に疲れ果ててしまう先生も少なくないと言われています。

「保護者からの批判」と聞くと、先生方はすぐに否定的、拒否的に捉えるでしょうが、保護者からの批判に対する考え方は、この章の最初に述べた「批判に対する考え方」の①から③までが、そのまま当てはまります。また、ここで述べた**スキル❶**から**スキル❻**までは、保護者の場合にも有効です。この章で述べた文章の「子ども」の部分をすべて「保護者」に置き換えて読み直してみてください。

このようなスキルは、批判やクレームを言う保護者との対面事態で効果を発揮し、単純な批判が、別の問題を巻き込みながら拡大するのを防いでくれます。しかし、理不尽で利己的な要求を執拗に突きつける保護者がいるのも事実です。ソーシャルスキルで対応できるのは初期段階までと心得て、無理難題や言いがかりのような批判やクレームがきたときは、学年や学校の問題としてほかの先生方と協力して対応しましょう。

6章　揶揄や悪口に対処する

6-1 子どもからの揶揄や悪口

前の章では先生への批判を取り上げましたが、批判よりも始末が悪いのが、先生への揶揄や悪口、挑発です。小学校の高学年や中学生になると必ずしも珍しいことではありません。「先生ってバカじゃないの」、「クサイ」「先生の服、ダサ過ぎ」などと、先生の能力、外見や服装、容貌や体型について言うことがあります。先生のちょっとした言い間違いの揚げ足をとって「まっちがえた、まっちがえた」などと節を付けてはやし立てたりすることもします。中学生になると、子ども達自身が性的なことに強い関心を抱くために、「小林先生は、山田先生とできてる」などと、先生に対する性的な揶揄やからかいの発言も増えてきます。

このような揶揄や悪口は、一見、批判に似ていますが、期待が前提の批判とは質的に違いがあります。子どもが先生を揶揄したり悪口を言ったりするのは、肯定的な意図に基づく場合と、否定的な意図に基づく場合があります。

肯定的な意図とは、子どもが先生に親しみを覚えているからこそ、仲間意識や同等意識から揶揄や悪口を口にする場合です。この場合は、子どもは先生と仲良しであることを確認したい、もっと先生と仲良くなりたいという欲求を持っています。この欲求が素直に表現されずに揶揄や悪口となって現れた場合は、子どもの声や表情は明るく、しつこく繰り返されることはありません。この種の揶揄や悪口が休み時間に行われるのであれば、先生の方も明るく受け流すか、無視をすればよいでしょう。

否定的な意図に基づく場合は、さらに二つに分けることができます。一つは、子どもが先生に憎しみを覚えていたり、先生の授業のやり方や学級運営に不平や不満を抱いている場合です。憎しみや不平や不満をそのままのかたちで先生に伝えることができず、揶揄や悪口で表現している場合です。この場合の揶揄や悪口は、これを口にする子どもの声や表情は、暗く陰湿な印象があります。また、原因が先生にある（と子どもは思っている）ので、原因が取り除かれない限り繰り返されます。

もう一つは、弱い者いじめの心理に基づく場合です。子どもは、自分よりも弱い者をいじめて日頃の鬱憤やストレスを晴らそうとします。とくに小学校高学年や中学生くらいの子どもから見て、先生が弱々しい〝引っ込み〟タイプか、または何らかの点（身体面、能力面、性格面など）で弱点を抱えていると思えば、からかったり悪口を言ったりして先生を困らせ、先生の困惑する姿を見て楽しもうとします。この場合の揶揄や悪口は、これを口にする子どもの声や表情は一見、明るいものですが、肯定的な意図に基づいている場合と違って、いわば〝陰湿な明るさ〟です。「先生は〝弱虫〟だ」という子どもの認識が変わらない限り、執拗に繰り返されます。

このような否定的な意図に基づく執拗な揶揄や悪口は、休み時間に行われても相当うっとうしいものです。まして授業中に行われれば、先生としては放っておくわけにもいかず、困惑したり混乱したり、怒りを感じたりするでしょう。これが原因で先生の気持ちが深く落ち込むことがあるかもしれません。

6-2 揶揄や悪口に対処するスキル

子どもからの揶揄や悪口には、初めの段階で適切に対応することが肝心です。問題を大きくしないために、次のような対処スキルを実行しましょう。

なお、ここでは揶揄や悪口が学級内の授業中に起こった場合を想定しています。

スキル❶感情の爆発を抑える

揶揄や悪口を口にして先生を挑発した子どもも、そのほかの子ども達も、挑発の言葉のあとの、先生の最初の反応に注目しています。揶揄や悪口を耳にして怒りを爆発させたり、逆に、泣き出してしまったりしたら、先生の〝負け〟です。感情的に反応しないことです。

怒りにしろ悔しさや悲しみにしろ、いずれの感情も爆発させないためには、**批判へ**

の対応スキル❷で挙げたことを実行します。つまり、①口を閉じて、数字を十まで数える、②深呼吸をする、③「落ち着け」「リラックスしろ」などと自分に言い聞かせる自己会話を実行する、この三つです。この三つは、怒りだけでなく、感情全般の爆発を抑える効果があります。

揶揄やからかいの直後にこれら三つを実行すれば、授業をしていた先生は一瞬、黙り込むことになります。黙り込むことが大切です。表情は平静を保つ必要はありません。怒りをこらえる表情でも悔しそうな表情でも苦しそうな表情でも悲しそうな表情でも構いません、感情のままの表情をしましょう。しかし、口を開いてはいけません。黙り込むことが最初にすべき行為です。

黙り込むという非言語反応、感情を抑えこんでいる表情などによって「私は傷ついている」というメッセージを伝えます。

この感情の爆発を抑えるスキルは、このあとも、揶揄や悪口を言う子どもに対応している間はずっと使い続ける必要があります。繰り返しになりますが、怒りを爆発させたり、泣き出してしまったりしたらプロの教師として、〝負け〟です。

スキル❷徹底的に無視をする

否定的な意図に基づく揶揄や悪口が授業中に行われれば、先生としては放っておけません。しかし、揶揄や悪口への最初の対応は、無視です。

子どもの心理的背景には既に述べたような「嫌いな先生だから、あるいは気弱そうな先生だからからかってやろう」という理由がありますが、揶揄や悪口が授業中に起こるのであれば、直接の目的は授業の中断や妨害です。授業を妨害して先生を困らせることです。先生を挑発して感情的な言動を引き出すことが目的です。

したがって基本的な考え方としては、挑発に乗らないこと、授業を中断しないことです。既に述べた**スキル❶**を使って感情の爆発を抑えたうえで、徹底した無視をしましょう。何か反応すれば、たとえそれが叱責であったも、揶揄や悪口を口にする子どもによっては〝賞〟になります。揶揄や悪口を強化することになります。

無視は徹底することが大切です。いつもは無視するのに、ときどき反応してしまうというパターンはマズイやり方です。揶揄や悪口を間欠強化することになります。心理学の学習理論からすると、間欠強化は、連続強化以上に、否定的な行動を強めてしまいます。揶揄や悪口が始まった当初は、とにかく徹底した無視を実行してみてください。

それでもそのような行動が修まらない場合は（残念ながら、否定的な意図に基づく場合は、簡単には修まらないことが多いのですが）、このあとに述べるスキルを順次、実行してください。

スキル❸「私メッセージ」で「授業を続けたい」と言う

揶揄や悪口を口にしている子どもに、先生が何か言おうとすると、どうしても「やめなさい」とか「静かにしなさい」「授業の邪魔をするんじゃない」などの言い方になります。これらの発言は、4章で述べた「あなたメッセージ」です。「あなたメッセージ」で命令や指示、皮肉や脅迫で撃退したいところですが、「あなたメッセージ」では、先生と子どもとの関係がすぐに敵対関係に入ってしまいます。子ども達と思いやりのある関係を築くという観点からすれば、できるだけ敵対関係には入らずに問題の解決を図るべきです。

そこで、4章で紹介した「私メッセージ」で、「先生は、授業を続けたい」という旨を伝えましょう。ただし、単に「授業を続けたい」と言うだけでなく、たとえば

「先生は、この授業で皆さんに分数の掛け算について知ってほしいと思っている。それを皆さんにきちんと伝えたいと思っている」と、その授業の目標とそれに達するために（つまり、学級の子ども達みんなのために）先生がどうしようと思っているのかを伝え、それに続けて「先生は授業を続けたい、授業を邪魔されるのは困ります」と言います。「授業を邪魔しないでほしい」というような依頼ではなく、「授業を続けたい、邪魔されたくない」と決意表明のように言う点がポイントです。

これらの発言を、揶揄や悪口を口にしている子どもの机の近くに行って実行しましょう。教卓からの発言で〝負け犬の遠吠え〟のようになってはいけません。冷静な声で、落ち着いた低い声で、子どもの目をしっかり見て言いましょう。これは、〝引っ込み〟タイプの先生には、当の子どもが中学生だと無理な要求かもしれませんが、子どもが小学生なら、是非、頑張って子どもに近づいてください。

このような言い方をして伝えたいのは、「揶揄や悪口を耳にしても、授業を続けることが教師として果たすべき仕事であり、しかもそれはクラスみんなのためなのだ」というメッセージです。このメッセージは、揶揄や悪口を口にしている子どもに対しては毅然とした態度表明になります。同時に、それ以外の子ども達に対しては、揶揄や悪口を口にしている子どもへの同調を抑制する効果があります。なぜなら、必ずしも授業を続けてほしいとは思っていない子ども達でも、先生の「授業を続けたい」という思いを聞くことで、本来自分たちが何をすべきか、つまり、同調して揶揄や悪口を口にすることではなく授業を受けることが自分たちが本来行うべきことだということに思い至るからです。

問題を起こしていない子ども達のこのような思いをさらに強めるために、授業をきちんと受けている子ども達のことを誉めてあげましょう。授業を受けることは当たり前のことですが、揶揄や悪口を口にしている子どもに同調せずに授業を受けようとしていることを誉めてあげるのです。この誉め言葉でも「私メッセージ」を使います。たとえば「先生は嬉しい、小川さん以外の人達は先生の話を聞こうとしてくれているので」とか、「みんなは、授業を続けたいという先生の気持ちをわかってくれてありがとう」などという言い方になります。問題を起こす子どもがいると、先生はつい、その子への対応を中心に考えてしまいますが、先生が大切にしなければならないのは、〝普通に〟授業を受けている多くの子ども達のことです。

スキル❹教室の外で二人になる

「私メッセージ」で先生が思いを伝えても、揶揄や悪口が修まらないときは、その子どもを教室の外に連れ出しましょう。授業の続行は優先させなければなりませんが、どうしても授業を続けられる状態ではないと思うときには授業を中断し、ほかの子ども達には自習するよう指示をして、当の子どもと一緒に教室を出ましょう。当の子どもと二人になれる場所に行きます。

二人になったときには、決して高圧的になってはいけません。また、教室内での悪口や揶揄の仕返しをするような言動もしてはいけません。

揶揄や悪口を言う子どもが先生と一緒におとなしく教室を出るようなら、先生との信頼関係は完全に切れているわけではありません。また、その子どもが抱えている問題も、それほど深刻ではないはずです。既に述べたように当の子どもは、先生に対して何らかの不平や不満を抱いていて、それをそのまま先生に伝えることができずに揶揄や悪口で表現しているかもしれません。その子どもの不平や不満を聞き出す良い機会です。3章で述べた「話を聴くスキル」すべてを使って、その子どもの話を徹底的に聴く態度に出ましょう。揶揄や悪口を口にしていた理由や意図など、子どもの思いに耳を傾けましょう。

子どもの思いがうまく聞き出せたなら、先生も、4章で述べた「思いを伝えるスキル」を使って自分の思い（揶揄や悪口を言われると授業がしにくい、傷つくなど）を伝えましょう。

当の子どもと二人だけになる自信がないときは、職員室に連れて行きましょう。ただしこの段階では、まだ、ほかの教師に助けを求めることはせずに、右に述べたことを職員室で実行します。ほかの教師（達）が、そこに居るという事実だけを利用します。

なお、先生が教室を留守にしていた間に、残っていた子ども達が自習できていたら、「私メッセージ」も交えて、そのことを必ず誉めましょう。先生が本来、目を向けるべき相手は、問題を起こした子どもではなく、それ以外の子ども達だからです。

スキル❺ほかの教師に助けを求める

揶揄や悪口を口にしている子どもを教室の外に連れ出そうとしても、拒絶されるかもしれません。そもそも先生のことをからかったり、先生の悪口を口にする子どもならば、簡単には先生の指示には従わないでしょう。また、揶揄や悪口を複数の子どもが同時に口にするようであれば、授業は成り立たなくなります。

ソーシャルスキルは、このような段階になる前において、子ども達との間で信頼関係を作り、問題が生じるのを防ぐのには効果があります。しかし、このような段階に至ってしまうと、先生が持つソーシャルスキルだけでは問題は解決できません。ほかの教師に助けを求めましょう。

先生独りの力で授業が成り立たないのであれば、その状況を長引かせないことが大切です。長引けば、揶揄や悪口を口にしていた子ども以外の子ども達との信頼関係も崩れる恐れが増します。学級内の多くの子ども達が先生の指示に従わないようになれば、学級が崩壊してしまいます。先生独りの問題あるいは学級内の問題にせず、学年主任や管理職の教師に助けを求めて、学年の問題や学校の問題にして対処しましょう。

7章　怒りの爆発に対応する

7-1 子どもの怒りの爆発について

子ども達の中には、人が変わったように激しく怒り出したり、暴れ出したりする子どもがいます。ほかの子の持ち物を投げつけたりノートを引きちぎったり、ほかの子どもに組み付いたりする子もいます。休み時間に、ほかの子どもとケンカをして怒りを爆発させるというかたちもありますが、授業中、たとえば先生が子どもの算数の計算間違いを指摘したとたんに暴れ出したり、先生に殴りかかろうとする子どもさえいます。激しい怒りの爆発を示す子どもの中には、自分の行為をあとからよく思い出せない子どももいます。

このような子どもの振る舞いは、ほかの子どもの安全を脅かしますし、当人の体を傷つける恐れもあります。授業中ならば授業の妨げになります。先生としては当然、何らかの対応を迫られます。

ところが、このような子どもへの対応は容易ではありません。なにしろ子どもは怒りを爆発させていますから、先生自身も安全ではありません。先生が恐れや不安を感じたり、あるいは怒りを感じたりするかもしれません。また、怒りを爆発させる子どもは多くの場合、これを繰り返します。先生は、精神的、身体的に消耗し、このような子どもに振り回される事態になってしまいます。

この章では、怒りを爆発させる子どもへの対応法について述べます。前半は、このような子どもへの日ごろの対応スキルについて、後半は、このような子どもが怒りを爆発させている最中の緊急対応スキルについて述べます。

7-2 怒りを爆発させる子どもへの日ごろの対応スキル

子どもが怒りを爆発させ、何とかその爆発が納まったとき、先生はその子どもにどのような対応をとっているでしょうか。叱責をしたり、反省を求めたり、二度とやらないよう約束させたりといった対応をとっていないでしょうか。もしそうならば、先生の中に次のような前提があります。

怒りを爆発させる子は、性格が乱暴である。甘やかされて育っている。ガマンが足りない。わがままである。

このような前提に立っているからこそ、先生は怒りを爆発させる子どもを、少しでもガマンのできる子どもにしようとして叱責し反省を求めているのです。

しかし、この前提に立っても問題は解決しません。たとえば、先生が怒りを爆発させた小学生に「乱暴はいけません。自分が何をしたのかよく考えてみなさい。二度としないとみんなの前で約束しなさい」と厳しく叱責してガマンを強いたとします。その子どもは一時的にはおとなしくなるかもしれませんが、何らかのきっかけがあれば、また怒りの爆発を繰り返します。すると先生は、教師としてのプライドが傷つけられたような気がして腹をたてます。あるいは落胆するでしょう。そこで先生はさらに高圧的にその子どもに接するか、逆に、見捨てて邪魔者扱いにするかもしれません。いずれにしても子どもの側は、そのような先生の対応を察知して、それが怒りの爆発の新たなきっかけになります。つまり、怒りを爆発させていた子どもは、先生との関係でも怒りの爆発の原因を抱えることになるのです。先生の対応によって問題が増悪したことになります。子どもは、さらに怒りの爆発の頻度を高め、先生はますます心身ともに消耗します。

担任教師一人の手に負えないとなると、チームティーチングの体制をとったり学生ボランティアを学級に入れたりする対策がとられることもあります。しかし、このような人達が皆「怒りを爆発させる子どもはガマンできない子だ」という前提に立っているならば、子どもを叱責する人の数が増えた分、子どもが怒りを爆発させるきっかけも増えてしまう恐れがあります。

このように、教育効果を生まないどころか問題を悪化させかねない対応が行われるのは、怒りを爆発させている子どもについての前提が間違っているからです。「間違っている」と言えば言い過ぎかもしれませんが、少なくとも問題を解決するための有効な前提ではありません。

スキル❶心が傷ついているという前提に立つ

既に述べたように、従来の前提では問題は解決しません。問題を解決するためには、これまでの前提を捨てましょう。これに取って代わるべき前提は、「怒りにふるえる子どもたちは、深い哀しみを抱えている。怒りを爆発させる子どもは、心が傷ついている」（大河原　二〇〇四）というものです。

この前提は、人道主義や博愛主義に基づいたものではありません。どのように子どもの感情は発達するのか、どのようにしたら怒りのような否定的な感情が健全に育つのか、なぜ激しい怒りの爆発が起こっているときに子どもは人が変わったようになってしまうのか、なぜ激しい怒りの爆発のあとに、そのことについて当の子どもの記憶が曖昧になってしまうのか、どのような家庭環境の中で育つと、怒りを爆発させる子どもに育ってしまうのか。これらの疑問を追究した心理学や精神医学の知見に基づいた前提です。本書では、この前提の根拠を詳細に述べることはできませんので、大河原（二〇〇四、二〇〇七）やイザード（一九九六）などを読んで、理解を深めておいてください。

スキル❶は、怒りの爆発についてのこれまでの見方を変える認知スキルです。「怒りを爆発させる子どもは心が傷ついている」という前提に立つことが、怒りの爆発に対応する最初のスキルです。

この前提に立ってみると、怒りを爆発させている子どもを見る先生の眼が変わるはずです。怒りの爆発は、子どもが自分の思いを伝えようとしている〝魂の叫び〟かもしれない、怒りを爆発させることでしか自分の思いを伝えることができないのかもしれないという見方ができるようになります。そうなれば怒りを爆発させる子どもに対する先生の対応も、おのずと違ってくるはずです。叱責したり反省を求めたりすることが、真っ先にやるべきことではないことに気づきます。校庭で転んで膝から血を流している子どもに向かって、最初にすることが叱責や反省を求めることではないのと同じです。傷を癒す方向で、少なくとも傷を深めない方向で子どもに対応することが求められます。

怒りを爆発させる子どもの心の傷を治せと、先生に要求しているのではありません。怒りを爆発させている子どもを無条件に受け入れましょうと言っているのでもありません。これまでの前提を捨てて、「怒りを爆発させる子どもは心が傷ついている」という見方をしてみてほしいと言いたいのです。

スキル❷怒りを爆発させる子どもとの接触を増やす

「怒りを爆発させる子どもは心が傷ついている」という前提に立つことをスキル❶としましたが、実は、怒りの爆発の全てが心の傷によるものではありません。中には、子どもにとって正当な理由で、正当に怒りを爆発させているケースもあります。大河原（二〇〇四）は、「怒りをコントロールできない子ども」ということで相談を受けた事例の約四分の一は、子どもの正当な怒りの発現に対して、大人側の不適切な対応のせいで問題が増幅した事例だと述べています。

子どもの怒りの爆発が心の傷に起因するものなのか、それとも正当なものなのか、この区別は、臨床心理学や精神医学の観点から子どもを治療しようとする立場にある人にとっては重要ですが、教育の現場にいる先生にとっては、それほど重要ではありません。大切なことは、〝正当な怒りの爆発〟もありうるということを知っていることです。治療を必要としている子どもであろうとなかろうと、子どもの怒りの爆発には、正当なものもあり得るという立場に立って、子どもと接しましょう。

子どもの怒りの爆発が正当なものかどうかは、子どもの感情の動きを理解し、子ども達との豊かな接触があれば、判断できるようになります。日ごろからできるだけ多く、怒りを爆発させる子どもとの接触を増やしておきましょう。具体的には、2章で述べた「心が開いている雰囲気を作るスキル」を実行します。

怒りを爆発させる子どもには、先生に必要以上にベタベタと甘えてくる子どもと、逆に、先生に対してかたくなな態度をとる子どもとがいます。

前者は、低学年の子どもや精神的な発達が遅い子どもの場合に見受けられます。このような子どもが怒りを爆発させるのは、幼児が、ものごとが自分の思い通りにならずにかんしゃくを起こすのと同じです。前者の子どもは先生との接触を求めてきますので、基本的にはそれを受け容れてあげれば接触に関する特別な配慮は要りません。後者の子どもに対しては、2章の「心が開いている雰囲気を作るスキル」のうち、スキル❺「開いた質問をする」、スキル❻「見たままを口にして安心感を与える」をとくに実行しましょう。「先生は、あなたと少しでも話がしたい、あなたのことを少しでも知りたいと思っている」というメッセージを出し続けるのです。子どもが少しでも話を始めたら、3章で述べた「話を聴くスキル」を実行してください。子どもの話を最後まで聴いて、子どもの話を受け容れてあげてください。その子どもが、もし心に傷を負っているならば（既に述べたように先生は必ずしも心の傷を負っている子どもか否かの区別する必要はありませんが）、スキル❺「話を受け容れて感謝する」、スキル❻「共感を示す」は、その子どもにとって大切な意味を持つ行為です。

スキル❸怒りの適切な表し方を教える

怒りを爆発させる子どもの中には、軽度発達障害をもつ子どもも含まれています。軽度発達障害とは、学習障害（ＬＤ）、注意欠陥多動性障害（ＡＤＨＤ）、アスペルガー症候群、高機能自閉症などの診断名の総称です。このような診断名を教育現場でも耳にすることが増えたと思います。このような診断名を聞くと先生は、「教師として何もできないのではないだろうか」と不安になったり「障害があるのだから、自分がどんなにかかわっても無駄だろう」とあきらめてしまったりするかもしれません。

このような診断名は、臨床心理学や精神医学的に子どもを治療しようとするときには有効ですが、〝医療〟ではなく〝教育〟の現場にいる先生がこのような診断名にとらわれてはいけません。このような診断名で子どもにレッテルを貼っても教育的な問題の解決にはつながりません。それどころか、「この子は、ＬＤだから」などと、教師が子どもにレッテルを貼って、当の子どもを理解したつもりになってしまうのは大変危険なことです。

先生の役目は、子ども達の喜びや怒りの感情を育み、それらを上手に表現する方法を教えることです。診断や治療ではなく、〝教えること〟が、教師の役目です。たとえ障害がある子どもでも、いや、むしろ障害がある子どもにこそ、喜びや怒りの感情を適切に育て、それを上手に表現する方法を教える必要があります。怒りを感じることは自然な心の働きであること、ただし、怒りを爆発させることは不適切な行為であること、そして怒りの爆発を抑える方法や怒りを適切に表現する方法があること。これらのことを軽度発達障害がある子どもにも、障害がない子どもにも教えてあげましょう。

これらのことはソーシャルスキル教育で教えることができます。具体的な方法については、相川・佐藤（二〇〇六）、五十嵐（二〇〇五）、小貫・名越・三和（二〇〇四）、上野・岡田（二〇〇六）、佐藤・相川（二〇〇五）などを参照してください。

7-3 怒りの爆発への緊急対応スキル

先生が、怒りを爆発させる子どもに対する見方を変えても、子どもの怒りの爆発がなくなるわけではありません。怒りの爆発が起これば、先生はそれに対応しなければなりません。

怒りの爆発は、先生にしてみれば突発事態です。いきなり発生するのであわててしまい、不適切な対応で事態を悪化させてしまう恐れがあります。特定の子どもに振り回されて、ほかの子ども達への指導が行き届かなくなり、学級全体がまとまりの悪いものになってしまうかもしれません。このような恐れや悪影響を少しでも減らすために、これから述べる、怒りの爆発への緊急対応スキル（フォーペルら 二〇〇七や小林 二〇〇一を参照しました）を身につけておく必要があります。

とくに学級内に怒りの爆発を起こしそうな子どもを抱えている場合には、以下のスキルを頭の中に入れておき、突発事態にあわてないために、ときおり頭の中でシミュレーションしておきましょう。

スキル❹自己会話で自分を落ち着かせる

まずは先生が、突発事態にあわてふためいたり、子どもの怒りの感情に巻き込まれて不用意に腹を立てたりしないようにします。そのためには、緊急事態を目の前にしたら、「落ち着け」「冷静に」などと、自分に言い聞かせる自己会話を実行しましょう。

スキル❺子どもの体には触れない

怒りを爆発させている子どもにできるだけ近づきますが、子どもの正面に立つことは避けましょう。子どもの正面に立って、子どもの動きや行動を阻止するような行為はしないことです。斜め前や側面から子どもに近づきますが、怒りを爆発させている真っ最中の子どもの体には触れてはいけません。

たとえば先生が、子どもの乱暴な振る舞いを抑えるつもりで腕をつかんだとしても、怒りを爆発させている子どもにすれば、先生が攻撃をしかけてきたと思うかもしれません。ほかの子どもとのケンカの最中ならば、先生がケンカ相手の加勢をしていると思うかもしれません。子どもの体に触れることは、子どもの怒りの火に油を注ぐ恐れがあります。

また、先生が子どもの体に触れようとしたのに対して、子どもが単純に先生の手を振り払おうとしただけでも、先生の方がそれを、暴力を振るわれたと思って感情的になってしまうかもしれません。あるいは先生の身の安全の問題もあります。

双方にとって事態を悪化させる恐れがありますので、原則的には子どもの体に触れずに、以下に述べる**スキル❻**以降を実行しましょう。

ただし、子どもが小学校低学年で、先生の体格がその子どもよりも圧倒的に勝っているのなら、怒りを爆発させている子どもの背後に回って、先生が体全体で子どもを抱き締めて、身動きできなくする方法も有効です。この場合は、子どもが落ち着くまでは、決して子どもを逃してはいけません。先生の両腕からすり抜けた子どもは、それまで以上に攻撃的になっていることがあるので、当人も、先生も、まわりの子どもたちも危険になるからです。子どもをしっかり抱き締めながら、以下に述べる**スキル❻**以降を実行します。

スキル❻怒りを静める言葉を言い続ける

怒りを爆発させている子どもに、怒りを静める言葉を言い続けます。「よしよし、いい子だ」「わかったわかった」「大丈夫、大丈夫」、「落ち着いて落ち着いて」など、怒りを静めるのに効果があると思われる言葉を繰り返し繰り返し言い続けましょう。子どもが先生よりも身長が高い中学生であっても、「よしよし、いい子だ」で構いません。繰り返し言い続ければ効果を発揮します。言い続けることがポイントです。

スキル❼はっきりした声で暴力を制止する

怒りを爆発させている子どもが暴力を振るっている最中なら、暴力を制止する指示の言葉をはっきりした声で言いましょう。指示は、「やめなさい！」「それを置いて」「離れなさい」など、子どもが実行すべき〝行為〟を短くきっぱり言います。「子どもっぽいことはやめなさい」「バカなことはよしなさい」「いい加減にしなさい」などのように、その子どもを評価するようなことは言ってはいけません。

やめるように言っても、子どもがすぐに指示に従うことはありませんから、これらの言葉も何度も繰り返し言い続けましょう。

もし、多少でも暴力が治まってきたら、「よしよし、いい子だ」と、暴力を治めようとしていることを誉めて、**スキル❻**の「怒りを静める言葉を言い続ける」を実行しましょう。あるいは、**スキル❻**の、怒りを静める言葉を何度も繰り返しながら、その中に織り交ぜるように、暴力を制止する言葉をはっきりした声で言い続けましょう。

二人の子どもがケンカをしている場合には、多少でも攻撃的でない方の子どもに向かって言葉を投げかけるようにしましょう。

スキル❽ほかの子ども達をその場から遠ざける

ほかの子ども達に危険が及ぶ心配があるときは、近くで見ている子どもに離れるよう指示を出します。この指示も、短くはっきりとした声で「離れなさい」「教室に入りなさい」などと言いましょう。

ときには、まわりで見ている子ども達が騒ぐことがあります。そのようなときも、短くはっきりした声で騒がないよう指示を出します。

スキル⑨ほかの教師を呼んでこさせる

先生一人で事態を収拾するのが難しいと思ったら、まわりで見ている子ども達に指示して、ほかの先生を呼んでこさせましょう。怒りを爆発させている子どもが小学校高学年や中学生で、体格が先生よりも勝っていたり腕力があったり、あるいは子どもが凶器を持っているような場合は躊躇せず、ほかの先生の協力を求めましょう。

スキル⑩怒りの爆発が弱まったときに声をかける

心理学では、感情の中でも、それが生じるきっかけがはっきりしていて、強く激しいものを、とくに〝情動〟と呼んでいます。怒りは、情動の典型です。情動は一定の時間が経つと治まってきます。怒りの爆発は、時間とともに勢いが弱くなります。怒りの爆発が三十分以上も続くなどということはありません。ただし、最初の爆発とは別のきっかけが与えられれば、次の爆発が起こり、結果的に、怒りの爆発が持続してしまうことがあります。

新たな爆発を起こすようなきっかけを遠ざけつつ、怒りの爆発が弱まるのを待ちます。怒りの爆発が弱まったかどうかは、子どもを見ていれば分かります。全身にみなぎっていた怒りの力がふっと抜ける様子や、怒りに満ちていた表情が緩む様子が見て取れるはずです。弱まったと思える瞬間に声をかけましょう。

その時の言葉は、「よしよし、いい子だ」「よくガマンしたね」「偉いぞ」などの誉め言葉です。当人に、怒りの感情が治まりつつあることを意識させ、しかも怒りの感情を治めることは心地よいことであることを意識させます。怒りの爆発がさらに弱まれば、「落ち着いてきたね」などと子どもの状態を言葉にしてあげることも有効です。

スキル⓫次の行動を指示する

怒りの爆発が治まって、先生の指示が聞ける状態になったら、子どもに次にどう行動したらよいか指示を出します。

怒りの爆発が治まった当座は、子どもはぼんやりしてしまったり、どうしたらよいのか戸惑ったりすることがあります。怒りの感情がまだ、くすぶっていることもあります。怒りの感情をさらに和らげるためには、〝その場から引き離す〟ことを心掛けます。

何か危険なものを持っている場合には「それは、下に置きなさい」と具体的に指示を出します。ケンカをしていたのなら、ケンカ相手が目に入らないようにします。教室で怒りを爆発させていたのなら、「ちょっと廊下に出ましょう」などと言って、いったん廊下に出します。逆の場合には「教室に戻りましょう」と言います。席を離れていたのなら「自分の席に戻りましょう」などと言って、自分の席に戻るように指示します。いずれも、具体的な行動の指示を出します。

以上の「怒りの爆発への緊急対応スキル」は、この章の前半の「日ごろの対応スキル」を実施しているほど効果的です。怒りを爆発させる子どもへの日ごろの対応が重要なのです。

なお、怒りの爆発が、あまりにも頻繁であったり、その程度が常軌を逸していると思われるときは、ほかの先生に相談するだけでなく、専門家にも相談しましょう。

8章　自分で考える力を育てる

8-1

“素直”よりも“自分で考える力”

学校では朝から夕方まで、やらなければならないことや片づけなければならないことが次々に押し寄せてきて、先生はそれらに対応することに忙殺されています。その忙しさの中で、動作がゆっくりな子ども、ぼんやりしている子ども、おとなしい子ども、逆に元気が良すぎる子どもなど、さまざまなタイプの子ども達と接していかなければなりません。すると先生は、つい子ども達にあれこれ指示を出したくなります。急かしたり、命令したり、言うことを聞かなければ叱ったり説教をしたり。このような「指示」「命令」「非難」「説教」「叱責」は、4章で述べた分類で言えば「あなたメッセージ」です。

「あなたメッセージ」は、先生が時間を節約しながら子ども達を意のままに動かすのに有効です。したがって7章の後半でとりあげた緊急事態での指示は「あなたメッセージ」になります。

ただし緊急ではない状況で「あなたメッセージ」を多用すると、短期的には時間節約の効果があるように見えますが、長期的に見ると時間節約の効果はありません。命令や指示を出してばかりいると、子ども達はことあるごとに先生の指示を仰ごうとしますから、そのたびに先生は、指示や命令を出さなくてはなりません。「あなたメッセージ」は長期的に見ると時間の節約にはならないのです。

それだけでなく、先生が「あなたメッセージ」を発し続けていると、次のような子どもが育ちます。

指示や命令の多い先生のもとでは、子ども達は先生の指示を待つようになります。非難や叱責の多い先生のもとでは、子ども達は先生の顔色をうかがうようになります。いずれの場合も子ども達は自分で考えようとしなくなり、先生の言うことを素直に聞く受動的な子どもになります。

しかし、学校教育で育てたいのは〝素直〟だけの子どもでしょうか。そうではなく〝自分で考える力〟をもつ子どものはずです。ここで言う〝自分で考える力〟とは、子どもが問題に出くわしたときに自分で解決策を考え出し、その解決策を実行するまでの能力のことです。先生の仕事は、子どもがこのような能力を獲得して、先生をはじめとする大人から自立していくのを促すことです。

自分で考える力を育てるには、子どもに考えさせる機会をできるだけたくさん与える必要があります。考える機会をたくさん与えれば、自ら考えることが習慣となるからです。

では、子どもに考える機会をたくさん与えるにはどうしたらよいでしょうか。

本章では、コーチング（coaching）の考えをもとに、子どもに自分で考える機会を与える会話スキルについて提案します。

コーチングという考えは、一九八〇年代にアメリカのビジネス界で注目を浴びるようになり（ハドソン 一九九九）、一九九〇年代には我が国のビジネスの世界でも知られるようになりました。コーチングを教える組織が日本にもできて、具体的な実践法が体系的に教えられるようになり、ビジネス界だけでなく看護（柳澤 二〇〇三など）や教育（神谷 二〇〇六など）の世界にも応用されるようになりました。

8-2 考える力を育てる会話スキル

先生は子ども達に比べれば人生経験も豊かですし知識も豊富ですから、教師として未熟な子ども達の前に立つと、いろいろなことを教えたくなります。子どもたちに教えること、つまりティーチング（teaching）が教師の仕事だと思ってしまいます。ティーチングとは、狭義には、先生が自分の内にある知識や情報を子ども達に渡そうとする行為です。

ところが先生がティーチングばかりしていたのでは、子どもは自分で考える機会をもつことができません。大袈裟に言えばティーチングは、子どもが自分で考える機会を奪ってしまいます。子どもの考える力を育てるなら、教えてはいけない、ティーチングをしてはいけないのです。それに代わってコーチングをするのです。

コーチングとは、狭義には、先生が子どもの内にある考えややる気を引き出そうとする行為です。コーチングの発想では、子どもの自発的な考えや行動を促すために子どもに働きかけますが、先生は〝教える人〟ではなく、子どもを〝支える人〟、または問題解決に向かって子どもと〝一緒に歩む人〟の役割をとります。

コーチングは、これ自体が一つの大きな体系をもっていて、さまざまなスキルが含まれていますが、ここでは、子どもが自分で考えることを促すために先生が実行すべき会話スキルに限定して述べます。

コーチングの会話スキルの基本は、子どもに答えを与える代わりに、機会あるごとに子どもに質問を投げかける点にあります。先生ならすでに授業で使っている、あの「発問」と同じです。発問を、教科教育以外でも使うのです。

質問を投げかけられると子どもは答えを出そうとして考え始めます。これは子どもに限ったことではなく、いわば人間のクセです。たとえば「江戸幕府を開いたのは徳川家康です」と言われると、私たちの脳は受動的に情報を受け取るだけの動きしかしませんが、「江戸幕府を開いたのは誰でしょう?」と言われると、脳は答えを求めて自発的な思考モードに切り替わり、考え始めます。同じように、もし先生が子どもに向かって「高橋さんに謝るべきです」と言えば、子どもは受動的にその助言を受け取るだけですが、「高橋さんに対してどうしたらいいと思う?」と問えば、子どもは自発的に考え始めます。子どもの脳を自発的な思考モードに切り替えるために、次々に質問を繰り出しましょう。

ただし、むやみに質問を浴びせかければよいというものではありません。一定のスキルが要求されます。

スキル❶話を促すための質問をする

先生は子ども達にあれこれ話をしたくなるでしょうが、自分が話すのではなく子どもに話をさせましょう。授業以外の場で子どもと対面したときには、先生はできるだけ聴き手に回ります。聴き手に回る、これがコーチングの基本的な態度です。

先生が聴き手になり、子どもに話すよう促すために次のような種類の質問を発します。

子どもが話を始めなければ、「どうしたの?」「何かあったの?」「何が問題なの?」などと「開いた質問」で話し始めることを促します。2章で述べた「心が開いている雰囲気を作るスキル」のうち**スキル❺**「開いた質問をする」を使うのです。2章の**ス**

キル❹「時間に余裕がある言動をする」スキル❻「見たままを口にして安心を与える」も実行すると良いでしょう。

子どもの話が要領を得ないときには「いつのこと?」「誰がそうしたの?」「そこをもっと説明してくれない?」と〝焦点を絞った質問〟をします。

子どもの話をある程度聞いたあとで確認をするためならば、「じゃ花子さんも一緒だったの?」「それは、きのうの放課後のことですね?」「お父さんはそのことを知ってるの?」などと「閉じた質問」を使いましょう。「閉じた質問」は、すでに述べたように短い時間に事実確認するのに適しています。

スキル❷聴くスキルを使う

子どもが話し始めたら、3章で述べた「話を聴くスキル」を使います。とくにスキル❶「最後まで聴こうと自分に言い聞かせる」スキル❷「反射させながら聴く」スキル❸「体を使って聴く」は、必ず実行して聴き手に徹しましょう。

子どもの話を一通り聴いたあとで「話を聴くスキル」のスキル❺「話を受け容れて感謝する」、スキル❻「共感を示す」ことが大切です。さらにスキル❼「話題に関連した質問をする」ことが必要な場合もあります。

これ以降に述べるスキルは、聴くスキルが実行できていることが前提です。聴くスキルが実行できないままに、先生がこのあと述べるような質問を多発すると、子どもは先生から尋問を受けているように感じるか、突き放されたように感じます。

スキル❸長所に気づかせる質問をする

子どもは、自分の特性や性格について十分に把握できていませんから、親や先生、きょうだいや友達など、まわりの人達からの評価で自分の特性や性格をつかもうとします。年齢が低いほどその傾向があります。たとえば「健太君はおとなしい子だね」と言われれば、「おとなしい子」が、自分の特性を考える際の重要な手がかりになります。したがって先生が子どもの短所や弱点を子どもに向かって言うことは、原則的には控えるべきです。

とくに子どもの特性や能力、やる気を全面否定するような言葉は使ってはいけません。「春夫君はいつも騒いでうるさいね」「良子さんは全然やる気がないみたいだ」「君は何をやってもダメだな」などの不用意な発言は控えましょう。これらの発言のうち「いつも」「全然」「何をやっても」などは、発言する先生の方としては単なる強調のつもりで使ったとしても、言われた子どもにしてみると全面的な否定的評価を与えられたように感じます。

どうしても否定的な評価を下さなければならないときは、限定的、一時的な否定の言葉を使いましょう。「きょうの春夫君は騒いでうるさいね」「良子さんは今回はやる気がないみたいだ」「少なくとも今度のこれはダメだね」などのような言い方です。

このような言い方は、全面否定にならないだけでなく、このあとにコーチングを意図した質問を付け加えることができるところに特徴があります。「きょうの春夫君は騒いでうるさいね。どうしてだろう?」「良子さんは今回はやる気がないみたいだけど、何かあったの?」「少なくとも今度のこれはダメだけど、次はどうしたらいいと思う?」。このように、限定的、一時的な否定的評価のあとに、子どもに考えさせる質問を必ず付加します。子どもへの否定的評価は、それを与えることを目的にするのではなく、子どもに考えさせる機会にします。

できるだけ、子どもの短所や弱点、あるいは否定的評価を口にする代わりに、子どもの長所や強みを意識させる質問をしましょう。「健太君の強みは何かな?」「どんなときなら良子さんは自分の長所を発揮できると思う?」「あなたの得意ワザは何だろう?」「自分だったらもっとうまくやれるのにと思うときってない?　それはどんなときかな?」。

意見を言うのに慣れていない子どもや引っ込み思案の子どもに、このような質問を多く発して、当人に自分の長所に気づかせるようにします。

スキル❹「我々メッセージ」を使う

子どもが何か問題を抱えて先生のところにやってきても、コーチングでは、先生が解決策を与える代わりに質問をして、子ども自身に考えさせることを推奨しますが、子どもにしてみると、先生が一緒に考えてくれないのではないかと不安になります。このような不安を抱かせず、子どもを励ますために、「我々メッセージ」を使います。

「我々メッセージ」とは、言葉を発する際に、意味的な主語が「我々」「私たち」になるような言い方をすることです。実際に「我々」や「私たち」という単語が含まれていなくても、〝私たちが一緒に考える〟という意味が伝わる表現であれば、「我々メッセージ」です。

たとえば子どもが「先生、健太君が私のこと○○○と言ってからかうんです」と訴えてきたとします。先生は、これに対して「そうか、健太君がそんなこと言ってからからかうのか……」と子どもの言葉を反射をさせたあと、「どうしたらいいいんだろうね？　先生と一緒に考えよう」と言うのです。ただ単に「どうしたらいいんだろうね？」と質問を発しただけでは、「先生は知りません、あなたが自分で考えなさい」と突き放したように解釈されてしまう恐れがあります。「先生と一緒に考えよう」と言葉を付け加えると、先生が子どもに寄り添っていることを伝えることができます。

「我々メッセージ」は学級全体に向けて使うこともできます。この場合は、たとえば「みんなはどうしたらいいんだろうか？　先生も一緒に考えます」、あるいは「私たちは、どうしたらいいんだろう？」というような言い方になります。いずれも、子ども達自身に考えることを促しながら〝先生も一緒に考える〟という意図を伝えることができます。

本書ではすでに「あなたメッセージ」と「私メッセージ」を紹介しました。命令や指示を相手に押しつけるのが「あなたメッセージ」、自分の思いを語るのが「私メッセージ」でしたが、両者は、相手と自分を切り離した上で用いるという共通点があります。これに対して「我々メッセージ」は、相手と自分は同じ立場であるというメッセージを伝えます。

スキル❺柔らかな思考を促すための質問をする

子ども自身に考えさせる。これがコーチングのめざすところですが、子どもは経験や知識が乏しいだけでなく、自分の経験や知識にとらわれた思考をする傾向にあります。いや、子どもに限らず成人であっても、自分の経験や知識を基準にして物事を判断したり、道徳観や倫理観に縛られた思考をしてしまうことがあります。

固まってしまっている思考を柔らかくするためには、次のような種類の質問をしてあげます。

①制限や理性的判断を外す質問をする

たとえば「お金はいくらでも使っていいとしたら何ができる?」「明日までじゃなくて、今年いっぱいでいいとしたら、ほかにやれることはあるんじゃないかな?」「もし良子さんが水の上も歩けるとしたら、どうだろうか?」「1足す1が2じゃなかったら、何をしてあげられる?」などです。

②立場や視点を替えさせる質問をする

たとえば「春夫君が先生だったらどうすると思う?」「健太君が花子さんで、花子さんが健太君だったら、どうなっていると思う?」「あの桜の木は君たちをどう見ているんだろうか?」などです。

③時間と空間を変える質問をする

柔軟な思考を促すために〝今、ここで〟という時間と空間を〝いつか、どこかで〟に変える質問をしてあげることができます。たとえば「まだ、今日がやってきていないとしたら、何をしているだろう?」「来年の今頃は何をしてると思う?」「ここがアメリカだとしたら、君はどうしてると思う?」「この教室が真っ暗な暗闇の世界だったら、春夫君に何ができるだろうか?」。

現実にとらわれすぎているとかえって現実的な解決策は考えつかないものです。制限や理性的判断を外し、立場や視点を替え、時間と空間を変える質問によって得られた解決策が、実行可能な現実的解決策につながることがあります。

スキル❻ヒントになる質問をする

答えを与える代わりにヒントを与える、これもコーチングの基本です。ただしヒントも単に与えるのではなく、質問の形式を使いながら与えます。答えにつながるような手がかりや情報がないか思い出させる質問を発します。

①過去の成功体験を思い出させる質問をする

「この前うまくできたのは、どうしてだろう?」「前に似たようなことが起こったとき、どうやって解決した?」などと質問してあげます。成功体験を思い出させることは、子どもに解決のヒントを与えるだけでなく、自己効力感を呼び覚ますことになります。「以前できたのだから今回も解決できるかもしれない」という自分への期待です。

②問題解決の手段に関するヒントを与えるために質問する

たとえば「友だちの中にこういうことが得意な人は、誰かいないかな?」「インターネットで調べてみるというのはどうだろうか?」「森田先生にお願いしてみるのはどうかな?」などです。

③順番や重要性などに気づかせる質問をする

「一番最初にしなければならないことは何だろう？」「何が一番大切なことだと思う？」「必要度の高い順番に並べてみたらどうなる？」などの質問が有効です。

スキル❼感情を動かし感情に訴える

この章では、子どもの考える力を育てることをめざしていますので、子どもの理性に訴えることが中心になりますが、場合によっては、子どもの感情に訴えることも必要です。

たとえば、クラス対抗の合唱大会があり、ほかの子ども達は一丸となって練習に励んでいるのにキヨシ君がやる気を見せないとします。ここまで述べてきた、理性に訴えるような質問（「どうしてキヨシ君は、みんなと一緒に歌わないの？」「クラス対抗なんだから、みんなと一緒に歌っていい成績を取りたいと思わない？」など）を発しても効果がなかったとします。このようなときに、感情に訴える質問を発して、子どもの気持ちを動かすのです。

そのためには、まずは先生が自分の感情を動かし、それを「私メッセージ」で子どもに伝えます。「先生は、勝ちたいと思う。勝てたらうれしい。たとえ勝てなくてもみんなで力をあわせて一つの歌を歌ったら、とっても気持ちがいいと思う」。その上で、子どもの感情に訴える質問を発します。「キヨシ君も、勝てたら嬉しくない？」「みんなと一緒に歌ったら気分がいいと思わない？」などと質問します（もしキヨシ君が「気分いいとは思わない」と答えたら、先生は自分の感情を伝えます。「そう思わないのか、残念だな」「先生は悲しいな」などです）。

感情に訴える質問をするときには、うれしい、悲しい、悔しい、楽しい、つらい、腹立たしい、むなしい、恥ずかしい、ねたましい、うらやましい、愛らしい、さびしい、イライラした、などの感情語を意識的に使います。日ごろから先生はできるだけ多くの感情語を頭に入れておく必要があります。

とくに男性の先生は感情語を意識的に使うようにしましょう。一般に男性は女性よりも感情の表明が少なく感情語を使わないと言われています（村井 二〇〇五）。

スキル❽提案の質問をする

これまでに述べてきた質問のかたちは、実は、先生が答えを知らなくても、または先生が答えの準備をしていなくても実行できるものでした。それに対して、ここで述べるのは、先生が答えを知っている、あるいは先生が答えの準備をしているときに限って実行できる質問です。それが提案のための質問です。

子どもに答えを与えると、子どもは自分で考えようとしなくなることは既に述べましたが、それだけでなく、子どもの年齢があがると、答えを与えたのでは子どもが反発する恐れも増します。つまり子どもは、先生に押しつけられたと思うと、自分で決める自由を侵害されたと感じ、自分で決める自由を取り戻そうとして、先生に言われたことに逆らったり、言われたこととは反対のことを実行しようとするのです。心理学でリアクタンス（reactance）と呼んでいる心の動きが起こります。

そこで、先生の考えや答えを提案のかたちで、しかも質問のかたちで伝えます。「ヒロコさんに〝ごめんね〟って謝ってしまうのは、どうだろうか？」「おうちの人に正直に言った方がいいと思うけど、どう思う？」「先生が持っている本に出ているけど、読んでみる？」などのような言い方です。

提案の質問は、答えを与えることに近いので、できれば使わずに済ませたいのですが、質問のかたちをしているので、子どもに考えさせる余地は残っています。

スキル❾答えを待つ

ここまでは質問することを薦めてきましたが、質問は、答えを要求する話法です。そのため質問した方は、相手がその場で答えてくれることを期待します。しかし、コーチングの発想に基づいた質問は、子どもの答えを求めるのが本来の目的ではありません。子どもに考える機会を与え、子どもに考えてもらうことが目的です。したがって、必ずしも子どもの答えをその場で求める必要はありません。

子どもが黙り込んでも、答えを急かしてはいけません。「ゆっくり考えてくればいいんだよ」などと言って、子どもの答えを待つ旨を伝えましょう。そのうえで実際に子どもが答えてくれるまで待ちましょう。先生がその場にとどまって待っている時間がないときには「じゃ、明日までに考えておいて」などと期限を具体的に言ってから、子どもと別れます（先生がこの期限を忘れることがないようにしましょう）。その期限が来たときに「どう？　考えてくれた？」と再び尋ねます。

スキル⑩子どもに評価させる質問をする

先生の質問に対して、子どもが答えを口にしたとします。先生はその答えを聞いても、それが本当に解決策なのか判断できないことがあります。逆に、子どもの答えを聞いた途端に、それが問題解決に有効であるかどうか判断できてしまうこともあるでしょう。いずれの場合も、先生はまだ先生の意見を述べてはいけません。先生が子どもの答えを評価するのではなく、子ども自身に評価させます。

「そのやり方でうまくいくと思う？」「その案は百点満点で何点くらい？」「実際に実行できる可能性は何％かな？」などの質問を発します。

これらの質問に対して子どもが自信のない返事をしたときは、さらに「どうしてうまくいかないと思うの？」と尋ねてみましょう。それに対する子どもの返事によっては、**スキル❸**の「長所に気づかせる質問をする」で励ましたり、**スキル❻**「ヒントになる質問をする」、**スキル❽**「提案の質問をする」などを使って、先生の答えを示唆することも可能です。

スキル⓫実行の確認をとるための質問をする

子どもがいくら自分で考えても、いくらすばらしいアイディアや解決策を考え出しても、実行しないのでは〝絵に描いた餅〟です。すでに述べたように、本章で言う

「自分で考える力」の中には解決策を実行する力も含みます。考えは実行されて初めて意味を持ちます。

子どもの実行率を高めるためには、子どもに実行することを約束させるのが有効です。ほかの人の前で公言、宣言、約束したことは、そうでない場合と比べて実行率が高いことが実証されていて、それを心理学者はコミットメント（commitment）と呼んでいます（チャルディーニ 二〇〇七）。

そこで、子どもがコミットメントするような質問を発します。実行の日時や、実行までの期限、実行する回数などを具体的に確認します。たとえば「それはいつまでにできるの？」「じゃ、明日の午後までに何回できるかな？」などの質問です。

これらの質問に対して子どもが、実行する自信がない旨のことを言うこともあります。そのときは、再び「どうして実行できないと思うの？」と質問し、実行を妨げているものが何であるかを一緒に探ります。そのために、この章でこれまでに述べてきたスキルを再び使うこともあります。とくに**スキル❸**の「長所に気づかせる質問をする」、**スキル❻**「ヒントになる質問をする」、**スキル❽**「提案の質問をする」などを使います。また、実行を妨げている制限や理性的判断などがあれば、**スキル❺**「柔らかな思考を促すための質問をする」で述べたように、これらを外すような質問を発します。

実行の確認をとることは大切な作業ですが、子どもを追いつめるのが目的ではありませんので、先生が実行を迫る必要はありません。むしろ実行するためにはどうしたらよいのか、子どもが考える機会にしてください。

スキル⑫努力と変化を誉める

子どもが自分で考えたことを実行し始めたら、結果が出る前に、先生はそのこと自体を認めて、誉めてあげましょう。成功か失敗か、どのような結果が出るかも重要なことですが、それ以前に、子どもが自分の考えに従って実際に実行し始めたこと、そして実行し続けていることが大切です。

実行し始めること、実行し続けることには精神的なエネルギーが要ります。子どもがそのようなエネルギーを使っていることをきちんと認めてあげましょう。「考えたとおりにやっているね」「頑張り続けているね」などと、子どもの努力をそのまま言葉にして伝えてあげるのが基本です。「やり始めたんだね、先生も嬉しいな」「えらいね、頑張り続けているね」「すごいなあ、続けるって大変なんだよね」などと、先生の感情を添えることができれば、先生が子どもの努力を認めていることがもっとよく伝わります。

子どもが考えたことを実行し始めたことによって、子ども自身がそれまでとは変わったり、子どものまわりに変化が出たりしたときは、その変化を認めてあげましょう。たとえ最終的には成功という結果が出なくても、変化が起こっただけでもすばらしいということを伝えてあげます。「最近の良子さん、よく動くようになったね」「前よりも大きな声で話せるようになったよ」「まわりのみんなも少しずつヒカル君の言うことを聞くようになっているね」などです。

このように、子どもの努力と変化を伝えてあげることとは、「先生は、あなたのことをちゃんと見ています」「先生は、あなたの存在を喜んでいる」という暗黙のメッセージを伝えることになります。

スキル⑬失敗を活かすための質問をする

子どもが自分で考えたことを実行しようとしても、うまくできなかったり失敗してしまったりすることがあります。うまく実行できても、効果が出なかったり、問題が解決しなかったりすることもあります。

先生方の中には、このようなときは子ども達が先生の話を素直に聞くので、子どもを叱る（指導する）チャンスだと思っている人もいるようです。確かに、成功にしろ失敗にしろ結果がはっきり出たときに、教師としてそれをどう評価するかを子どもに伝えることは大切な行為です。成功を誉め、失敗を叱るというメリハリのある対応は必要なことです。

しかし、あわてて叱ったりコメントしたりする前に、次のような種類の質問を発してみましょう。

①子ども自身に失敗の原因を尋ねる

「どうしてうまくできなかったんだと思う？」「何がいけなかったんだろうか？」「原因はなんだと思う？」。

これらの質問は、原因や責任を追及することが目的ではありません。子ども自身に失敗の原因を考えさせて、失敗を成長のチャンスにすることが目的です。

これらの質問に対する子どもの答えを受け入れたあとで、先生の立場としてコメントすべき点や助言すべき点があれば、それを伝えます。ただし忘れてならないのは、たとえ失敗という結果が出たとしても、先のスキル⓬で述べたように、子どもの努力と変化は認めてあげるという視点です。

②改善点を考えさせる質問をする

「今度の失敗で何か分かったことはある？」「今回みたいなことにならないようにするには、どうしたらいいと思う？」「今度の失敗を生かすには、どうしたらいいかな？」。失敗を子どもが成長するチャンスにするために、これらの質問を発します。子どもはこれらの質問に答えようとして考えることで、失敗を活かすことができます。

なお、成功は、子どもに喜びをもたらし、それまでの行為や努力が正しかったことを教えてくれます。それは、子どもの自尊心を高めてくれます。したがって成功のときは、先生としても一緒に喜んで誉めてあげれば十分です。

8-3 問題解決力を育てる会話スキル

子ども達は、学校の中で出くわす対人的問題（social problem）について先生に訴えてきます。たとえば、「先生、男の子達が掃除をしないで遊んでいます。私達が注意しても全然聞かないんです」などというのはその典型です。子どもが直面している問題の深刻さはさまざまであり、「最近、グループのみんなが私を無視するんです。私が何を言っても口をきいてくれないんです。私は嫌われているみたいなんです」などといった訴えは、問題が深刻です。

どのような深刻さにしろ対人的問題を子ども達に訴えられると、先生はその問題の答えを出そうとしてしまいます。「わかった。先生がすぐに行って注意しよう」とか、「先生からグループの人達に仲よくするよう、それとなく言っておきますから安心して」などと。しかし、この章で紹介したコーチングの発想に立てば、子どもが先生に

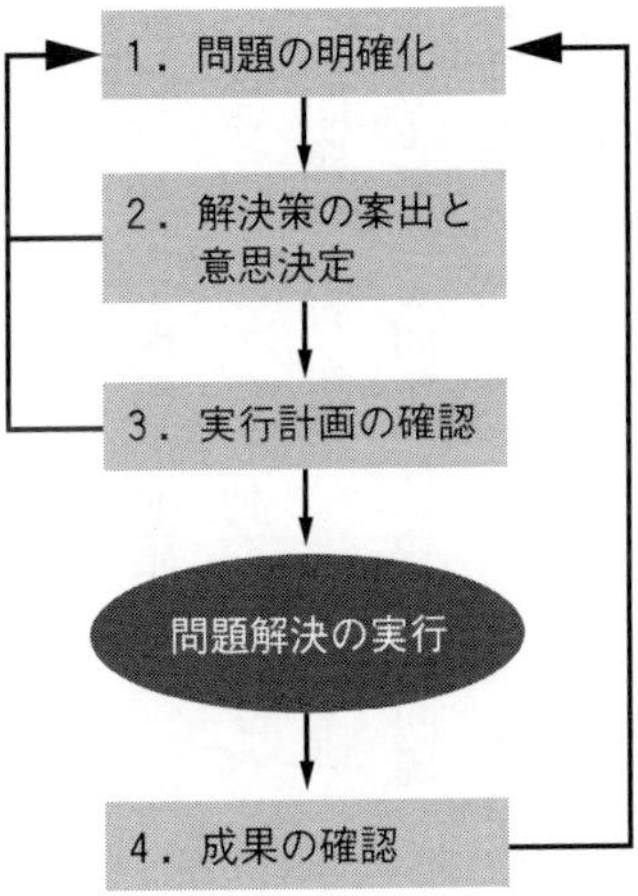

図9　問題解決のステップ

突きつけた問題は子どもに返して、子ども自身に解決策を考えてもらうこともできます。そのための具体的な会話スキルはこれまでに挙げてきましたが、ここでは、問題解決の一連の手順に則って、既に述べた諸スキルの使い方を例示します。

　問題解決の一連の手順は、研究者によって多少異なりますが（ベッデルとレノックス 一九九七）、図９に示したように、「問題の明確化（ステップ１）」、「解決策の案出（ステップ２）」、「解決策の決定と実行の確認（ステップ３）」の３ステップを経て、実際に解決策を実行し、そのあとで「成果の確認（ステップ4）」に至るという四ステップに整理することができます。以下、この四つのステップに沿って、先に挙げた「グループ内の友達に無視されている」という、やや深刻な問題を例にしながらコーチング会話スキルを例示します。

ステップ1　問題の明確化

ステップ1では、何が解決すべき問題なのかを子どもと一緒に明らかにします。

「問題は明らかだ、子どもが訴えてきたことが問題だ」と思いがちですが、子どもの訴えてくる問題には複数の問題や要素が混じっていることがあります。また、先生が問題だと思ったことと子ども自身が問題だと思っていることは違っているかもしれません。たとえ先生が考える問題が解決すべき問題であっても、子ども自身に考えさせる必要があります。いずれにしても何が解決すべき問題か先生が即断せずに、子どもに尋ねてみることです。

ここで取り上げている例では、子どもは「最近、グループのみんなが私を無視するんです。私が何を言っても口をきいてくれないんです。私は嫌われているみたいなんです」と言っています。何が問題なのかは明らかなようですが、無視されていることが問題なのか、嫌われているらしいことが問題なのかはっきりしません。また、この子どもが何を望んで先生に訴えてきたのかも明らかではありません。

そこで、「考える力を育てる会話」**スキル❶**「話を促すための質問をする」を実行します。「どういうこと？　もう少し詳しく話してくれる」「いつから？」「どうして嫌われていると思うの？」などの、〝焦点を絞った質問〟が有効です。

子どもが話し始めたら**スキル❷**「聴くスキルを使う」を実行します。子どもの話を反射させながら聴きます（**聴くスキル❷**）。体全体を使って聴きます（**聴くスキル❸**）。子どもの話を一通り聴き終えたところで「そうだったのか、それはつらかっただろうね」と共感を示し（**聴くスキル❻**）、「話しにくいことだったのに先生に話してくれてありがとう」と感謝の言葉を発します（**聴くスキル❺**）。

このように聴くスキルを使って、子どもの話を受容しつつ、子ども自身に何が解決すべき問題なのか考えさせます。

「問題の明確化」でのポイントは、複数の問題や要素が混じって混沌としている話を、ひとつひとつ個別の問題に分けることです。ここでの例で言えば、「グループのほかの子ども達が私を無視している」という問題と、「私は嫌われているようだ」という問題に分けます。そのうえで、最初に解決すべき問題は何であるかはっきりさせます。「この二つが問題だとすると、明子さんとしてはどっちを先に解決したい？」と子どもに尋ねます。子どもが、たとえば「グループのほかの子ども達が私を無視している方が先に解決したい問題です」などと答えたら、次のステップに進みます。

ステップ2　解決策の案出

ここでは、子どもに問題の解決策をできるだけ多く考えさせます。

「グループのほかの子達が明子さんを無視しているということが解決すべき問題だとしたら、どうしたらいいんだろうね？」と、解決すべき問題点を改めて提示しながら子ども自身が解決策を考えるように促します。「先生も一緒に考えてみるけど（スキル❹「我々メッセージ」）、明子さんとしては、どうなればいいと思う？」「明子さんは、どうしたいの？」などと、当人が望む状態や欲求を尋ねる質問は、解決策の案出を促します。

子どもは「なぜ私を無視するのって直接聞いてみたい気もするけど、そんなことはできないし……」などと、何か解決策を考えついても自分で却下してしまうことがあります。そのようなときは、「数の原理」と「判断延期の原理」（ネズら 一九九三）、つまり数多くの解決策を考えつくほど効果的な解決策が生まれる確率も増すので、数の多さを優先させ、質的な判断は後回しにする旨を伝えましょう。たとえば「本当に実行できるかどうかとか、こんなことは許されないんじゃないかとか、つまらない案だとか、そういったことはあとから考えることにして、今はとにかくできるだけ多くの解決策を考えてみよう。たくさん考えつけば、それだけいい考えが思いつく可能性も増えるから」などと言います。

　解決すべき問題が子どもにとって深刻なものであれば、子ども自身が解決策を考え出すのはやさしいことではありません。また、子どもが自分で思考に制限を加えてしまっていることもあります。そこで**スキル❺**「柔らかな思考を促すための質問」を実行して、次のような質問をします。

「明子さんが神様だとしたらどうするかな？」「来年の今頃までに答えを出せばいいとしたら、何ができる？」（制限や理性的判断を外す質問）。

「もし明子さんが男の子だったらどうする？」「もし明子さんが、無視している方の子どもだったら何をするかな？」（立場や視点を変えさせる質問）。

「もし仲良しグループだけで無人島にいるとしたら明子さん以外の人はどうすると思う？」「大人になったときに今日のことを振り返ったとすると明子さんは何を思うだろうか？」（時間と空間を変える質問）。

これらの質問に対して子どもが「こっちも黙っている」「ひたすらがまんする」「私を無視しないでって叫ぶ」などと答え始めたら、その内容がどのようなものであっても「その考え、いいね」「すごいな」「わくわくするよ」などと受け入れて（スキル❼「感情を動かす」）、さらにほかの解決策がないか促します。上手に促せば、「ほかの子達に神様の罰がくだるように祈る」「先生にほかの子達を叱ってもらう」「先生に強制的にクラスを七つのグループに分けてもらう」「私がほかのグループに入る」「ほかのグループの子に私たちのグループに入ってきてもらう」「私が、今度はミカちゃんを無視しようよと提案する」「私がグループのボスになる」「グループのみんなにお菓子を配る」「私が泣きながら無視しないでって頼む」「グループの中で一番仲のいい子だけに私を無視する理由を聞いてみる」などと多くの解決策が出てきます。

さらに、「明子さんの得意なピアノで何とかならないかな？」と長所に気づかせる質問をしたり（スキル❸）、「前に似たようなことはなかった？　そのときはどうした？」「図書室に、いじめをはね返した子どもの話が載っている本があるので、あれを読んでみるのはどうかな？」「ほかのグループで明子さんと同じような目に遭っている子はいない？　その子と話してみるのはどうだろうか？」などとヒントになる質問（スキル❻）や提案の質問をする（スキル❽）ことも可能です。

子どもがすぐに答えなくてもじっくり待ちます（スキル❾）。また、先生としても子どもの問題が深刻であればその場で一気に解決しようとせず、時間をおくことが大切です。「先生も明日までによく考えてきますので（スキル❹「我々メッセージ」）、きょうはここまでにしましょう。明子さんもうちでゆっくり考えてきてください」。

解決すべき問題が深刻である場合、解決策を考え出すこのステップでは、先生は常に「我々メッセージ」を発し続けることが大切です。

深刻な問題に直面している子どもは、解決策が全くないと思いこみ絶望的な気持ちになってしまっていることがあります。そのような子どもが、自分で解決策をあれこれ考え、たとえ実際には実行できない解決策が含まれていても、数多くの解決策が見つかれば、それだけでも安心することがあります。

なお、解決策を考え出そうとしているうちに、解決すべき問題を考え直さなければならなくなることもあります。そのようなときは図8に示したように、ステップ1の「問題の明確化」に戻るよう促します。

ステップ3　解決策の決定と実行の確認

ここでは、ステップ2で考え出したいくつかの解決策のうち、実際に実行する解決策を子どもに決めさせ、必要ならば実行の手順について考えさせます。

解決策を決めるときの観点は、「すぐに実行できる」という点です。実行するのに労力やコストがかかる解決策は、たとえ効果的であっても避けるべきです。必ずしも決定的な解決策でなくても、すぐに実行できる解決策を選んで、とりあえず実行してみるという対処法が、問題解決への近道です。

また、一つの解決策を一回実行しただけで問題が解決するとは限らない、むしろいくつかの解決策を何回も実行してようやく問題が解決するものであることを子どもに伝えましょう。

子どもに解決策を選ばせるにも質問の形を用います。「明子さんがすぐに実行できそうな解決策はどれだと思う？」「明子さんの悩みをいっぺんに解決してしまう解決策じゃなくて、気軽に実際にできそうな解決策をとりあえず一つ選んでみようね」などといった形になります。

実行できそうな解決策が複数あるときは、実行する順番を付けさせます。「グループの中で一番仲のいい洋子さんだけに、どうしてみんなで明子さんを無視することになったのか、電話で理由を聞いてみるという案と、お姉さんに相談してみるという案の二つともやってみましょう。どっちから先にやってみますか？」。

解決策が選ばれたら、いつ、どこで、どのように実行するのか、具体的なことを確認しましょう（**スキル⑪**）。「洋子さんに、いつ電話してみるの？」「なんて言うのかあらかじめ決めておかなくて大丈夫？」。

実行の確認の段階になって実行を渋ったり躊躇したりする子どももいます。これ自体が解決すべき新たな問題ですから、図9に示したように、ステップ1の「問題の明確化」に戻ります。何が実行を渋らせている原因なのか子どもに尋ねて明らかにします。そして、ステップ2で、その解決策を子どもと一緒に考えましょう。

ステップ4　成果の確認

このステップでは最初に、子どもが解決策を実際に実行したかどうか確認します。たとえば「ゆうべ洋子さんに電話できた？」と尋ねます。

子どもが実行できなくても責めてはいけません。責める口調にならないように配慮しながら、なぜ実行できなかったか理由を尋ねます。つまりステップ1に戻って、実行できなかったこと自体を解決すべき問題とし、その解決策を子どもと一緒に考えます。

子どもが解決策を実行したのなら、成果はどうであってもそのことを誉めてあげましょう（**スキル⑫**「努力と変化を誉める」）。「勇気が必要だったと思うけどよく頑張ったね。それで洋子さんは何て言ってた？」。

ひとつの解決策を実行してもすぐに問題が解決することはまれです。実行した結果をふまえて改善点を考えさせる質問や、うまくいかなかった原因を尋ねる質問をします（**スキル⑬**「失敗を活かすための質問をする」）。「洋子さんが本当のことを言ってくれなかったのはなぜだと思う？」「電話がダメならメールはどうだろうか？」。

このような質問をきっかけに、問題解決のステップ1に戻り、そしてステップ2に進んで解決策をあれこれ考えさせます。こうしてステップ1からステップ4までを何回も繰り返します。

問題解決の一連の手順をステップごとに説明したので、四つのステップをすべて行うのは非常に手間暇がかかるように感じられたかもしれませんが、慣れてしまえば、それほど時間のかかるものではありません。また、必ずしも律儀にこの四ステップをひとつひとつ丁寧にやる必要もありません。大切なことは、先生がこの四つのステップを意識しつつコーチングの発想に立って子ども自身に考えさせるようにしむけることです。

なお、コーチングでは、子どもが抱えている問題の答えは、子ども自身が持っていて、子どもには問題を解決する能力があるという前提に立っています。この前提に立てない場合、たとえば直面している問題に関して子どもがあまりにも未熟であったり未経験であったりする場合、あるいは、子どもが特別な支援を必要とするような障害を抱えている場合には、ティーチングも必要です。この章では、コーチングを強調しましたが、教師はティーチングとコーチングの両方のスキルを持ち、子どもに応じて、また状況に応じて両者を使い分けることができる、これが理想です。

9章　実践してスキルを磨く

9-1 ソーシャルスキルを磨くには

本書では、先生が子ども達と思いのやりとりをするスキルについて述べてきましたが、先生方の中には、ここまで読み進めてソーシャルスキルについての理解が深まっても、子ども達と思いのやりとりができるかどうか不安に思っている人がいるかもしれません。不安があるとすれば、それはまだソーシャルスキルの練習が足りないからです。ソーシャルスキルについて知ることは、ソーシャルスキルを身につけるために最初にやらなければならないことですが、単に知っただけでは身につけたとは言えません。ソーシャルスキルはあくまでも技術です。技術を習得するには練習が必要です。練習が不安を打ち消してくれます。

1章で述べたように、先生が、子ども達との思いのやりとりが下手だとしても、それは先生の性別や性格のせいではありません。あるいは教職経験の不足のせいでもありません。先生が子ども達と思いのやりとりをするスキルをまだ十分に学習していない（未学習）か、先生が思いのやりとりの観点からするとまずいやり方を身につけてしまっている（誤学習）かであって、いずれの場合も、先生がこれから繰り返し練習すれば、思いのやりとりが上手な先生になれます。

ソーシャルスキルの練習は、実際にスキルを何回も使ってみるということに尽きますが、ここでは、ソーシャルスキルの練習をするうえでの心構え、あるいはソーシャルスキルの磨き方について述べます。

9-2 意識してスキルを使う

この章までに、教師に必要なソーシャルスキルについて解説してきましたが、実は先生方はすでに数多くのソーシャルスキルを身につけています。なぜなら、私達はソーシャルスキルなしにほかの人と交わることができないからです。先生はさまざまなソーシャルスキルを使って家族や、友人、同僚や子ども達と接しています。それらの中には、子ども達との思いのやりとりをするのに必要なスキルも含まれているはずです。

ただし、先生がこの本を読む前にすでに身につけていたスキルは、いつの間にか自然に身につけたものであり、それがソーシャルスキルだとは意識していなかったはずです。たとえば「低学年の子どもと話すときの目の高さは、子どもの目の高さと同じにする」ということを実践していたとしても、それをソーシャルスキルとは意識せずに身につけ、ソーシャルスキルとは意識せずに使っていたのではないでしょうか。

今後は、これまでに身につけていたスキルも、この本によって新たに知ったスキルも、意識して使いましょう。「これはソーシャルスキルだ」「自分は今スキルを使っている」と意識して使うことが、ソーシャルスキルを磨く上での第一歩です。

意識してスキルを使うとは、スキルを使うときだけでなく、使ったあとも意識的であることです。スキルを使った結果、自分の考え方や行動の仕方に何か肯定的な変化が起こっていないか自問してみましょう。たとえば、今まではうまく伝えられなかった思いを言葉にできるようになった、最近は怒りのままに反応せずに抑えられるようになった、子ども達に対する見方に余裕ができたなどの変化が起こっていないでしょうか。このような変化が自分に起こっていないか確認しましょう。

スキルを使った結果、子ども達にも何か肯定的な変化が起こっていないか意識してみましょう。そのためには、先生がソーシャルスキルを使ったときの子ども達の様子や反応を注意深く観察します。何か変化は起こっていないでしょうか。

先生がスキルを実行すれば、子ども達に小さな変化が必ず起こります。先生がその変化に気づけば、先生はさらにスキルを使ってみようという気になるでしょう。これが繰り返されれば、先生に対する子ども達の言葉や行動にも変化が現れます。こうして、先生と子ども達との間で、思いのやりとりが活発に行われるようになり、思いやりのある関係を築くことができるのです。

9-3 人の言うことに耳を傾ける

ほかの教師から、対人場面での振る舞い方について、あれこれ言われたことはないでしょうか。たとえば先輩教師から「保護者を相手にするときはまずは聴き手に徹することだ」などと諭されます。助言は、職員室だけでなく教員仲間で飲んだときなどにも発せられ、ときには説教臭かったり非難が込められていて反発したい気持ちも湧くでしょう。しかし、長年、教師を務めてきた先輩の言葉の中には、ソーシャルスキルに関する知恵や工夫やコツが含まれていることがあります。

先輩教師に限らず、年下の同僚でもソーシャルスキルに関して示唆に富むことを言うことがあります。教師以外の職にある人の言動にも、ソーシャルスキルの観点から傾聴に値するものが含まれています。さらに言えば、保護者からの批判にも、先生のソーシャルスキルを磨く手がかりが含まれていることもあるでしょう。

ほかの人が先生の言動について何か言っているときは、聴くスキル（3章）や批判に対応するスキル（5章）を使って、とにかく耳を傾けましょう。その助言や批判を受け容れるかどうかは後回しにします。

ソーシャルスキルについて、少しでも多くの知識を得ておけば、実際に使える可能性は高まります。ほかの人の話を聴いて、実行してみる価値があると思ったスキルは実行してみましょう。ほかの人の話を聴いて、すでに持っているスキルに修正を加えた方がよいと分かったら、修正してみましょう。ほかの人の助言が本当に有効かどうかは、実行してみれば分かります。

9-4 達人のマネをする

教師として〝達人〟と言いたくなるような人、また教師ではなくてもソーシャルスキルの観点から手本とすべき人が先生のまわりにもいるはずです。まずは、このような手本（モデル）となるような人を見つけ出します。身の回りにいる人でなくても、テレビドラマや映画、小説や歴史上の人物でも構いません。

次に、その人達が、達人や手本であると思えるのはなぜなのかを考えながら、その人の言動を観察します。対人場面で、どのような表情や身振り手振りをして、どのような発言をしているのか具体的な行動レベルを細かく観察しましょう。手本となる人物が小説や歴史上の人物なら、「あの人だったら、この場面でどのように振る舞い何と言うだろうか」と考えてみましょう。

手本となる人物について、観察した結果や考えてみた結果を実際に自分でも試してみます。〝まねる〟と〝学ぶ〟の語源は同じだそうです。行動を伴うスキルは、かたちをまねることから始めましょう。

他方、教師としてあるいは人間として「あれはまずい」という言動をする人物は、反面教師としましょう。

9-5 繰り返し使ってみる

人から言われて試してみるスキルでも、手本となる人をまねてみるスキルでも、肯定的な効果が認められたら、何度も繰り返して使いましょう。

この章の最初では「意識してスキルを使う」ことを薦めましたが、何度も繰り返して使うと、いちいち意識しなくても自然に使えるようになります。ソーシャルスキルは、自転車や自動車の運転、楽器の演奏、スポーツなどと同じです。初めは意識的にスキルを使いますが、繰り返し実行していると体が覚えて、意識しなくても表情や身振り手振りが、そして言葉が自然に出てくるようになります。的確なスキルが必要な場面で自動化して実行される、これが〃スキルを身につけた〃と言える状態です。

ソーシャルスキルが身につくと、子ども達との思いのやりとりがうまくできるようになります。それにつれて子ども達の反応も変わります。子ども達の肯定的な反応は先生をさらに元気づけるはずです。

9-6 ときおり振り返る

ここまでソーシャルスキルの練習の心構えを述べてきましたが、ソーシャルスキルは、まずは意識して使う段階があり、次いで、繰り返し使って意識しなくても実行できる段階になります。この段階が、右に述べたように〝スキルを身につけた〟段階ですが、磨きをかけるには、自らのソーシャルスキルの様子をときおり意識する必要があります。つまりソーシャルスキルについては、意識する→無意識に実行する→意識するというサイクルを繰り返して磨きをかけるのです。

教科の授業法については、先生方は研究授業を行って教師同士で検証し合っています。同じようにソーシャルスキルについても、教師同士が互いのソーシャルスキルを観察し合って、良好な点や改善の余地がある点を言い合えると良いのですが、無理でしょうか。教師同士が公式に言い合うのが無理なら、気心の知れた同僚同士で非公式に、互いのソーシャルスキルについて話し合うことはできないでしょうか。それも無理なら自分でときおり振り返りましょう。

一定期間、ソーシャルスキルに関する記録をつけてみましょう。いつ、どこで、誰に対して、どのようなスキルを使って、その効果（相手の反応と、自分の反応）はどうであったかをノートにつけてみるのです。これを、毎日続けるのではなく一年のうちに一、二回、一週間だけやってみるのです。

子ども達にアンケートを実施することもできます。先生のスキルについて、子ども達がどのように受けとめているのか、先生の意図通りに受け容れられているのかなどを尋ねるために、具体的なスキルを列挙しておいて子ども達にチェックしてもらったり、感想を自由に書いてもらったりするのです。もちろん匿名を許しますが、子ども達は匿名性が保障されているとは思わないでしょうから、たとえば「先生の通知表（「あゆみ」）をみんなにつけてほしい」「きょうは『わがクラスの担任を語る』というテーマでみんなに作文を書いてほしい」などと言って、子ども達が本音の評価を気軽にできる工夫をする必要があります。

ところで、先生方にソーシャルスキルの話をすると、サービス産業、とくにファーストフードやファミリーレストランのチェーン店が準備している顧客対応マニュアルを連想されるようです。マニュアルのお陰で、どの店の、どの店員も同じような笑顔で同じ言葉を機械的に話します。これと同じように、教師がソーシャルスキルを身につけることは、マニュアル通りの言動をする〝マニュアル教師〟になることではないかという反発や不満あるいは不安があるようです。

サービス産業でのマニュアルには、店員が顧客に対してどのように反応すべきか段階を追ってひとつひとつ事細かに説明してあります。このようなマニュアルがあるから、たとえばアルバイトで店員になったばかりの人でも、一定のレベルの顧客対応が短時間で実行できます。また、マニュアルがあるから、たとえば北海道の店員でも沖縄の店員でも同じチェーン店なら同程度のサービスを提供することができます。マニュアルがない状態で、いきなり店員になったことを想像してみれば、マニュアルの威力が理解できます。

同じように、もし学校の先生にも、子ども達に対してどのように振る舞うべきか段階を追ってひとつひとつ事細かに説明してあるマニュアルがあれば、教職経験の短い人でも一定レベルの対応が短時間で実行できるようになります。また、マニュアルがあれば、北海道の先生でも沖縄の先生でも同程度の対応をすることができます。

実は、本書は、それを意図したマニュアル本なのです（理論的なことは拙著『新版人づきあいの技術――ソーシャルスキルの心理学――』（サイエンス社）をお読みください）。本書によって先生は一定レベルのソーシャルスキルを子ども達に対して発揮することができます。

ただし一般のマニュアル本と同じく、本書には不特定多数の教師にあてはまるような最低限のことしか書かれていません。それなのに先生が、この本に書かれていることを絶対視し、いつまでたってもこの通りに実行していたとしたら、それこそ〝マニュアル教師〟です。マニュアルが悪いのではなく、マニュアルから抜け出せないことが問題なのです。

本書に書かれていることから出発し、この章で述べたことを実行して、本書が説くソーシャルスキルを徐々に先生独自のソーシャルスキルに切り換えていってください。そして最後は、マニュアル（本書）を意識せずにごく自然にソーシャルスキルが実行できるようになってください。ただし先にも述べたように、ときおり自分のソーシャルスキルの様子を振り返り、先生のソーシャルスキルに修正を加える努力は怠らないでください。

このようにしてマニュアルから抜け出し、それでも先生が磨き続けてゆくべきソーシャルスキルは、あくまでも技術です。技術は目標に達するためのプロセスや手段に過ぎません。ソーシャルスキルを身につけることが先生の目標ではありません。先生の最終目標は、子ども達と思いのやりとりをして、思いやりのある関係を築くことです。「はじめに」や1章で述べたように、先生の思いをできるだけ誤りなく子ども達に伝え、同時に子ども達の思いをできるだけ正確に受けとめる、そのためにソーシャルスキルを身につけ、そのために先生のソーシャルスキルを磨き続けてください。

おわりに

学校の先生が子ども達に、授業の一環としてソーシャルスキルを教える実践を、私は「ソーシャルスキル教育」と名付けて、その普及に努めてきました（小林・相川一九九九、佐藤・相川二〇〇五、相川・佐藤二〇〇六）。そのためここ数年、私は小・中学校に出かける機会がたくさんありました。そんな折に校長先生から、「子ども達にソーシャルスキルを教えることはもちろん大切だが、最近はソーシャルスキルが足りない先生が増えている。何とかならないか」と言われてしまうことが再三ありました。

こう言われると私は苦笑するしかありませんでした。何しろ私は教員養成大学の教員です。教師の質についての非難は、私達の教員養成の実質を問われているようなものです。他人事のように「そうですね、最近の先生方の中にはソーシャルスキルが足りない人がいるかもしれませんね」などとは言えない立場にあります。

また、ソーシャルスキル教育について新聞やテレビやラジオから取材を受けたときに、「子ども達にソーシャルスキルを教える先生方のソーシャルスキルについては、何かトレーニングや研修をするのですか?」という質問をしばしば受けました。それに対して私は「とくにトレーニングや研修はしませんが、先生方は教師ですから一定のソーシャルスキルをお持ちです」と答えます。しかし中には「そうとも言えない先生もいらっしゃるんじゃありませんか」と食い下がってくるインタビュアーもいました。こう言われると、私はまたもや苦笑するしかありませんでした。

このようなことが重なるうちに、もし本当に先生方のソーシャルスキルが足りないのなら、先生方に、教師のソーシャルスキルについて私の考えを伝えたいと思うようになりました。

こうして本書の原稿を書き始めましたが、いざ書き始めてみると当初考えていたようには筆が進みません。取り上げようと思っていたどのスキルも、先生方にとっては当たり前のことであり、わざわざ書かなくてもよいのではないかと思えてしまったからです。さらに、あるスキルを取り上げるにしても、どの程度細かいステップにすべきか迷いました。「教師なんだから何もここまで細かく書かなくてもいいのではないか」という思いと、「スキルの話なんだから、心構えではなく具体的なことを細かいステップに分けて書くべきだ」という思いがぶつかり合い、書いた数ページを削除したり、削除した部分を復活させたりしました。迷いは本書の構成にも及び、最初は基礎編、応用編の二部構成でしたが、途中から基礎と応用に分ける意味を見失いました。

書きながらもうひとつ困った点は、本書の読者像が絞れないことでした。校長先生やマスコミが問題にするような教師は確かにいるのでしょうが、私が日頃接している現職の先生方は、ソーシャルスキルの面で問題がある人はほとんどいません。また、ひと言で教師と言っても、大学を出て間もない若い先生もいれば、教職歴二十年、三十年のベテランもいます。「この本を必要とするのは、どのような先生なのだろうか」と思い悩んでしまい、執筆が進まないままに時間ばかりが流れました。

私が迷い悩んでいるうちに、教師が置かれている状況は厳しさを増し、教員養成大学の役割も大きく変更を迫られるようになりました。学級崩壊を起こしてしまう教師、不祥事を起こす教師、人間関係が苦手な教師などが話題となり、教師の質の保証が問題になりました。教師の質を保証するかたちで、二〇〇七年に新しい「教育職員免許法」が成立し、教員免許更新制が導入されました。これに伴って私達は現職の先生方を対象に更新講習を実施することになりました。これとは別に、全国各地に教職大学院設置の動きが拡がり、東京学芸大学も、高い教職専門性や現代の教育課題を解決できる実践家の養成をめざして、教職大学院を設置しました。

このような状況の変化の中で教員養成大学の教員という私の立場からすると、教師のソーシャルスキルについて、いつまでも悠長に思い悩んでいられなくなりました。そこで迷いを抱えながらも書き進め、どうにか書き上げたのが本書です。

現在の私が考えていることを書き尽くしましたが、教育現場で日々、子ども達と接している先生方にすれば、本書に対して不平や不満や批判したい点が多々あると思います。そのようなときは、左記のメールアドレス宛に、是非、ご意見をお寄せください。先生方のご意見は、本書を改訂する機会があれば活かそうと思います。先生方と一緒に本書をバージョンアップできることを願っております。

*

本書ができあがるまでに、多くの方々にお世話になりました。とりわけ次の方々に感謝申し上げます。

教育現場の話を聞かせてくださった相川研究室の元大学院生で現職の教師である猪刈恵美子さん、坪内英津子さん。事務補佐をしてくださった長津麻衣さん。原稿の仕上がりを辛抱強く待ってくださったサイエンス社の清水匡太氏。常に〝あす〟のことを考えさせてくれた中島千加子さん。そして健気な秋生と朋生と義母の安島秀子。

二〇〇八年三月二十三日、きょうも生かされている自分を感じつつ

相川　充
atsushi@u-gakugei.ac.jp

活の基礎・基本―― 図書文化 pp. 159－196.
小林正幸（2001）．学級再生 講談社
小貫 悟・名越斉子・三和 彩（2004）．LD・ADHD へのソーシャルスキルトレーニング 日本文化科学社
松井 豊・塚田裕子（1982）．子どもの外見がその子の性格の評価に及ぼす影響について 日本教育心理学会第 24 回総会発表論文集，544－545.
村井潤一郎（2005）．出会う 和田 実（編著） 男と女の対人心理学 北大路書房
中村 真（1991）．情動コミュニケーションにおける表示・解読規則 大阪大学人間科学部紀要，17，115－146.
ネイル, S. 河野義章・和田 実（訳）（1994）．教室における非言語的コミュニケーション 学芸図書
ネズ, A. M.・ネズ, C. M.・ペリ, M. G. 高山 巌（監訳）（1993）．うつ病の問題解決療法 岩崎学術出版社
大河原美以（2007）．子どもたちの感情を育てる教師のかかわり――見えない「いじめ」とある教室の物語―― 明治図書
大河原美以（2006）．ちゃんと泣ける子に育てよう――親には子どもの感情を育てる義務がある―― 河出書房新社
パターソン, M. L. 工藤 力（監訳）（1995）．非言語コミュニケーションの基礎理論 誠信書房
佐藤正二・相川 充（編）（2005）．実践！ ソーシャルスキル教育――小学校：対人関係能力を育てる授業の最前線―― 図書文化
Siegman, A. W., Anderson, R. A., & Berger, T. (1990). The angry voice: Its effects on the experience of anger and cardiovasucular reactivity. *Psychosomatic Medicine*, 52, 631－643.
上野一彦・岡田 智（編著）（2006）．特別支援教育［実践］ソーシャルスキルマニュアル 明治図書出版
柳澤厚生（編著）（2003）．ナースのためのコーチング活用術 医学書院

引用文献

Aikawa, A. (1990). Determinants of the magnitude of indebtedness in Japan: A comparison of relative weight of the recipient's benefits and the donor's costs. *The Journal of Psychology,* 124(5), 523-534.

相川　充・佐藤正二（編）(2006). 実践！　ソーシャルスキル教育——中学校：対人関係能力を育てる授業の最前線——　図書文化

Bedell, J. R., & Lennox, S. S. (1997). *Handbook of communication and problem-solving skills training.* John Wiley & Sons.

チャルディーニ, R. B. 社会行動研究会（訳）(2007). 影響力の武器［第二版］——なぜ，人は動かされるのか——　誠信書房

フォーペル, A. ・ヘリック, E. ・シャープ, P. 戸田有一（訳）(2003). 子どもをキレさせないおとなが逆ギレしない対処法——「キレ」の予防と危機介入の実践ガイド——　北大路書房

ゴードン, T. 奥沢良雄・市川千秋・近藤千恵（訳）(1985). 教師学——効果的な教師＝生徒関係の確立——　小学館

浜名外喜男（蘭　千壽・古城和敬）(1988). 教師が変われば子どもも変わる——望ましいピグマリオン教育のポイント——　北大路書房

Hudson, F. M. (1999). *The handbook of coaching: A comprehensive resource guide for managers, executives, consultants, and human resource professionals.* San Francisco, USA: Jossey-Bass.

五十嵐一枝（編著）(2005). 軽度発達障害児のための SST 事例集　北大路書房

イザード, C. E. 荘厳舜哉（監訳）(1996). 感情心理学　ナカニシヤ出版

神谷和宏 (2006). 図解 先生のためのコーチングハンドブック——学校が変わる・学級が変わる魔法の仕掛け——　明治図書

河村茂雄 (1999). 学級崩壊に学ぶ——崩壊のメカニズムを絶つ教師の知識と技術——　誠信書房

小林正幸 (1999). 治療的な活用　小林正幸・相川　充（編著）ソーシャルスキル教育で子どもが変わる小学校——楽しく身につく学級生

著者略歴

相川《あいかわ》　充《あつし》

専門：社会心理学（対人心理学），教育心理学，ソーシャルスキルに関する理論とトレーニングについて研究している。

1978年　茨城大学人文学部卒業

1983年　広島大学大学院教育学研究科博士課程修了

現　在　東京学芸大学大学院教授　博士（心理学）

主著：「新版　人づきあいの技術」（サイエンス社）

「反常識の対人心理学」（NHK 出版）

「人づきあいの極意」（河出書房新社）

「愛する人の死、そして癒されるまで」（大和出版）など

ライブラリ　ソーシャルスキルを身につける―1

先生のための

ソーシャルスキル

2008年5月25日© 初 版 発 行
2009年12月25日 初版第2刷発行

著 者 相川　充 発行者 木下敏孝
印刷者 杉井康之
製本者 小高祥弘

発行所 株式会社 サイエンス社
〒151-0051 東京都渋谷区千駄ヶ谷1丁目3番25号
営業 ☎(03) 5474-8500㈹ 振替00170-7-2387
編集 ☎(03) 5474-8700㈹
FAX ☎(03) 5474-8900㈹

印刷 株式会社ディグ 製本 小高製本工業

《検印省略》

ISBN978-4-7819-1202-8

PRINTED IN JAPAN

サイエンス社のホームページのご案内.
http://www.saiensu.co.jp
ご意見・ご要望は
jinbun@saiensu.co.jp まで.